JN027951

スピリチュアル
akiko
68秒で願いが叶う!
宇宙の引き寄せの法則
KADOKAWA

はじめに　楽しい気持ちになって、たくさん夢を叶えよう

1年間、努力と根性でぼろぼろになりながら、1つだけ夢を叶える。
68秒間、楽しい気持ちになって、たくさん夢を叶える。

どちらが効率的だと思いますか？
あなたはどちらで夢を叶えていきたいですか？

努力も悪いことではないですが、楽しい気持ちになって、68秒で夢が叶ったら最高ですよね。
68秒で夢が現実になるなら、この人生のうちにどれだけたくさんの夢を叶えることができるのか、たくさんのことをなしとげられるのか、想像してみてください。ものすごくワクワクしてきますよね。

私もそうでした。わずか68秒で夢が現実になると知ったとき、あれもこれも、そういえばあのことも叶えたかったんだよな〜と、忘れていた夢を思い出して涙が出そうになりました。

68秒で夢が叶う。

これは宇宙意識であるエイブラハムのメッセージですが、これが本来の私たちの自由な姿であり、誰もが持っている力で、権利です。

そして、これこそが宇宙が示してくれる引き寄せの法則の爆発力なのです。

引き寄せの法則によって多くの人が人生を変え、次々と夢を実現しています。

私もその一人です。宇宙の引き寄せの法則を使って、ずっと叶えたいと思いながらもくすぶっていた夢をあっという間に叶えることができ、５年ほどで大きく人生を変えてきました。

海外移住、バイリンガル子育て、最高のパートナーシップ、自由な仕事、自由な生活、本の出版、講演会、希望の年収、ゲストハウスを建てる、最高の仲間に恵まれる、そのやり方をシェアして幸せな人たちがどんどん増えていく……というように、願いが全部叶っちゃっています。

しかもすごいのが、叶えたい夢が同時進行で動き、短期間で多くの夢を同時に実現できてしまっています。もう、びっくりです。宇宙の引き寄せの法則を使いこなすとは、こういうことなのですね。

「願いが全部叶っちゃった」と書きましたが、それ以前の私は乳飲み子2人を抱えたパート主婦でした。夫はインド人で、結婚生活7年目でインドに帰ったまま、仕送りもなし。願いが叶わないどころか、たくさんあったはずの夢や目標を諦めていた人生のどん底を、10年以上、経験しています。

そんなときに「潜在意識の書き換え」というものに出会い、そこから巡り巡ってスピリチュアルの学びを深めて講師になり、自分だけでなく延べ約2000人もの潜在意識の書き換えのお手伝いをさせてもらいました。おかげで「誰もがみんな、人生を変えることができるんだ」という真実を、この目で見ることができました。

現在は潜在意識書き換えの個人セッションは行っていませんが、同時期に引き寄せの法則も実践し始めて、そのパワーを伝える活動を続けています。

私自身、人生に対して投げやりになっていた時期も長いので、もしあなたが「夢が叶わない」「うまくいかない」という気持ちでいたり、「68秒？　嘘でしょ！」と疑いたくなるとしても、その心境、本当によくわかります。

「今までいろいろ試したけど叶わなかった」「うまく引き寄せられなかった」というような声も世間でたくさん耳にします。

だからこそシンプルで効果がある引き寄せのコツが必要で、今こそ誰でも引き寄せを日常で使えるようにすることが急務であると感じて、この本を書きたいと思いました。

大丈夫です。

私が使いこなせるようになった引き寄せは、私だけに起こる奇跡ではありません。

あなたの日常のすぐそばには驚くほどすべてが叶う世界があり、この人生を生きている間に思い通りに手にすることができます。

私はスピリチュアルの講師として宇宙の引き寄せの法則の原理を総合的に理解しています。なぜ引き寄せの法則が働くのか？　どういう仕組みなのか？　これをエネルギーの観点から理解し、実践してきました。

引き寄せを使いこなせるようになるまでのプロセスを実体験によって細かく説明することもできます。

何より、引き寄せの法則の実践をするうちにチャネリングの能力も目覚めてきて、エネルギーワーカーとして宇宙意識についてお伝えできるようになりました。

こうしたお話をして、「やっと思い通りに引き寄せられた！」「こんなに簡単なことだったんだ〜」と驚き、喜び、幸せになった人たちがどんどん増えていることは、冒頭に書いた通りです。

さぁ、次に願いを叶えるのはあなたです。

必要なのは68秒。詳しいやり方は後述しますが、68秒であなたの願いの現実化がすごい勢いで始まります。願いによっては少し時間がかかることもあれば、逆にすぐに現実化が現れることもあります。願いに制限はありません。ぜひ楽しい気持ちになって、たくさん夢を叶えてください！

私が引き寄せの参考にしているのがエイブラハムやバシャールという宇宙意識のメッセージです。即効性があり、シンプルで、一貫していて、パワフルに効果があるこの宇宙意識のメッセージを多くの人に知ってもらうことが、今、本当に必要だと感じています。引き寄せの法則や創造の原理は、宇宙では常識です。じつは、私もあなたも魂ではすでに当たり前のようにわかっています。

ですから素直に感覚で捉えて、実践してみてくださいね。

もともと私は、まわりくどいものや意味のないことが嫌いな人間で、自分で体験して本当に効果があったものしか信じないし、人にも伝えません。

でも、この宇宙の引き寄せの法則は本当だったんです。ものすごくパワフルで、誰でも使えて、驚くほど次々に願望を叶えることができるのです。

すべての引き寄せのコツと要素をこの本の中に詰め込みました。

読みたい章から読んでいただいても大丈夫です。すぐにできる実践ワークもふんだんにありますので、ぜひ楽しい気持ちで試してみてください。

スピリチュアルａｋｉｋｏ

Contents

第1章 とってもシンプルな宇宙の引き寄せの法則

第2章　マインドブロックを宇宙に解き放とう

第3章 愛もお金もすべての豊かさは無限大

第4章 奇跡のように現実が変わっていく！

装丁 奈良岡菜摘／装画・章扉イラスト 久永フミノ／
本文デザイン・DTP 米村緑（アジュール）／校正 東尾愛子／編集協力 深谷恵美

第1章 とってもシンプルな宇宙の引き寄せの法則

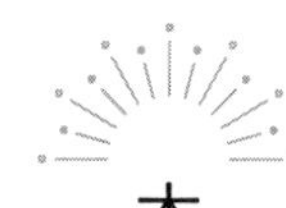

本心から望んでいることは、宇宙は必ず叶えてくれる

もし今、あなたが行き詰まっていたり、落ち込んでいたり、問題に直面していても、どんな状況でも、その状況を変えることができます。

あなたが望む夢や希望は必ず叶います。

絶対に大丈夫です。断言できます。


これは気休めではありません。望みが叶う世界があるという希望に、まずはほっと安心してください。

私はすべてが叶う世界があることを知って、そこにたどり着くことができて「本当によかったな〜」と、心からほっとしています。それをあなたも体験できます。

どんどん望みを現実にすることは、生命の、人間の、あなたの権利なのです。

望みを現実にする方法

望みが現実になるのは、非常に単純でシンプルな仕組みになっています。

現実にしたいことを波動レベルで先に体験し、感情の疑似体験をする

↓

すると、その感情の波動が宇宙にいき、宇宙が現実にしてくれる

つまり、**先に望むことで現実があとからついてくる、という仕組み**です。

「嬉しいな」と感じていたら、嬉しいことを宇宙が現実化します。

「つまらないな」と感じていたら、宇宙はつまらないことを現実化します。

今は彼氏がいなくても、「素敵な彼氏と旅行したいな」とウキウキしていたら、そのような彼氏が現れたり、近くにいたことに気づいて、現実化していきます。

「かっこいい赤い車で海辺を走ったら最高だな」と感情を感じれば、赤い車を手に入れて海辺を走るという願いを宇宙が現実化します。

だからこそ、まず「望みが叶う世界があるんだ！」という真実に対して、ほっと安心してほしいのです。そうすれば、たとえ行き詰まっていたり、落ち込んでいたり、問題に直面していても、どんな状況でも、ほっとできる現実に変わります。

ただ、「その話は聞いたことがある」「そうしているけど叶わない」という人もいると思います。私も同様にしていたのに叶わない時期が長かったので、よくわかります。

そのギャップはなんなのでしょう。

じつは、望みが叶わない多くの原因は、願望に対して「本心から望めていない」ということが大きいのです。

例えば「彼氏とデートして……」と想像していても、同時に「無理だ」という思いを持ち続けていたら無理になります。

「庭付きの大きな家に住んで、家族みんな笑顔で楽しい」と感じながらも、同時に「無理だ」と思っていたら、宇宙には「無理＝望んでいない」ということが届けられるので「無理」になります。

私も長らく「ゲストハウスを建てたい」という願望を投げていたのですが、夢として望みながらも「無理だろうな」とか「現実的にどうやって？」「お金はどうするの？」などと不安要素を抱えていたので、なかなか叶いませんでした。望んでいるのに、そこに対して自分で突っ込みを入れていたので、本心から望みきることができていませんでした。

過去の、何も叶わなかった時期の夢も同じでした。すべて自分でそのようにしていました。

願いは、あなたが本心から望まないと叶いません。
なぜなら、あなたに願いを叶える決定権があるからです。

引き寄せの法則や宇宙のことを意識し始めると、私たちは自立へ向かいます。強制的に、今までのパターンを変える方向へ促されます。

この自立とは、あなたの本来持っている力が最大限に引き出せるように思考を整え、波動をコントロールするという意味です。これは誰かがやってくれるわけでも、手助けしてくれるわけでもなく「あなた自身でしかできないこと」なのです。

そう聞くと、難しそうに感じるかもしれませんが、安心してください。

宇宙の法則を使うということは、あなたにとって楽な方へ、ゆるい方へパターンを変えるということです。

信じがたいかもしれませんが、それが宇宙の流れで、引き寄せのコツなのです。

宇宙共通のエネルギーの法則はいたってシンプル。拍子抜けするほどです。だからみんな、かえって信じなかったりします。

引き寄せの法則と聞くと、複雑で、特別で、高尚なものだと思い込んで、まわりくどく考えるのが正しいことで、難しいことを実践するのが良いことだ、と頑なに信じています。

自ら難易度を上げて、それで「やっぱり叶わない」と思い込もうとしています。

まずは、それをやめましょう。

自分で「この願い、叶う！」と本心から望みましょう。

「どうやって？」「無理でしょ……」なんて厳しい突っ込みを入れたりしないで、楽に、ゆるく「こうなったら最高だな」とニヤニヤしながら先に幸せに浸りましょう。
この状態が波動を整えるということ。その波動が宇宙にいきます。

宇宙は自由意志を尊重し、必要以上に手出ししてきません。さっぱりしています。

本当に心から望んでいることを宇宙は全力で叶えてくれます。
宇宙の愛は本当に素晴らしく、想像をはるかに超えた形で現実を用意してくれて、体験させてくれます。楽しみにしていてくださいね！

まとめ

思考や波動を整え、心から望めば、宇宙は全力で叶えてくれる。
それは自分にしかできないこと。

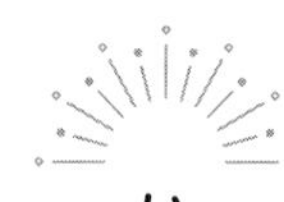

いまの現実もじつはあなたが引き寄せたもの

この世に存在するものはすべて「波動」というエネルギーの波でできています。地球も、自然も、動物も、私たちも、今見えている世界も、見えていないことも、物質的なものも、非物質的なものも、存在するすべてはそれぞれ特有の波動を発し、振動しています。

そう、私たちも波動であり、個々人が独自の波動を放っていて、振動し合っています。引き寄せの法則とは、似た波動、つまり似た振動のものが互いに引き合うこと。こちらから一方的に引っ張り寄せるというよりも、似た振動が共振し合って引き寄せ合います。

私たちと同じような波動のもの、波動と共振し合ったものが引き付けられ、現実化していきます。

では、私たちの波動とは一体なんでしょう。多くは、その人の観念や思考を通した感情の波動です。

観念、思考、感情と似たような言葉ですが、わかりやすく家を建てることで説明すると観念とは設計図、思考とは材料、感情とは家を建てる大工さんです。

すべてに影響を与えているのが観念で、自分自身の考え方が全体を決めています。感情は観念から来ていて、そして感情に影響を与えているのが思考です。観念と思考は同じようなものですので、どんな観念をもっているかがわかってくると、感情をコントロールし肯定的に生きることができるようになります。

例えば、人に指摘されるという同じ出来事を体験したAさんとBさんがいるとします。

Aさん　指摘されるのは攻撃されているという観念・思考を通して、怒りや屈辱という感情になる

Bさん　指摘されるのは次へのチャンスという観念・思考を通して、ワクワクや感謝という感情になる

Aさんの怒りや屈辱という感情と、Bさんのワクワクや感謝という感情では波動が違います。

それぞれの感情の波動と一致した波動を引き寄せて現実化していきます。Aさんはさらに攻撃されるような状況という現実を引き寄せ、Bさんは新たなチャンスをつかむという現実を引き寄せます。

このように引き寄せの法則は、常にあなたの観念・思考を通した感情に反応します。それで「自分の現実は自分で創り出している」とか「今の現実はあなたが引き寄せたもの」といわれたりします。

「自分が引き寄せたといわれても、思い通りに叶っていないし、まったく望んでいない」そんな声が聞こえてきそうです。というか、私自身がそういう思いを抱えていました。

願いに反する現実が来るのはなぜなのでしょうか。

それは、ほとんどの人がこの宇宙の引き寄せの法則を本当には知らないためです。引き寄せという言葉は知っていても、前述したように楽でゆるい宇宙の法則、拍子抜けするほどシンプルな本質までは知らずにいます。そのために無意識で望まない世界を創り出していた、創造していた、それを引き寄せていた、ということなのです。

「望まない世界を創り出したいなんて思ってない！」と反論したくなりますよね。

はっきりと認識している「意識」では望んでいなくても、「無意識」の観念・思考を通した感情がフォーカスしたことに常に波動エネルギーが動いてしまうので、そちらの波動が現実を創造しているのです。だから、本人としては身に覚えがない、意図していない現実化をし続けていたということなのです。

望まない現実が創造された宇宙の法則を恨みたくなることもあるかもしれませんが、でも、それはあなたにも引き寄せが起こっていた証拠です。しっかりと仕組みを理解していなかったからミスマッチが起こっただけで、「願いを叶えてうらやましいな」と思っていたあの人とまったく同じ原理が働いて、今この瞬間もそれを体験しています。

ほとんどの現実を引き起こしているのは「自分自身の観念・思考を通した感情」ということを理解した今からは、意識的に望む現実を引き寄せるように、観念・思考、そして感情を変化させていけば、願望を叶えることができるというわけです。

これまでのように無意識・無自覚で引き寄せを行ってしまうのはもったいないですよね。

現実は不安定なままですし、願いもなかなか叶わないでしょう。
これからは、意識的に引き寄せの法則を利用し、観念・思考や感情をコントロールしていきましょう。そうすれば誰でも、今どんな状況でも、望み通りの現実を引き寄せて、新しい世界を簡単に体験できます。

まとめ

望む、望まないにかかわらず、あなたが何かに意識を向けたものは、引き寄せの法則が働き、現実化する確率が高くなる。

どうして現実を引き寄せられるの？

波動は共振・共鳴し合う性質を持っていて、周囲のエネルギーと相互に影響し合っています。この性質について、もう少し、説明を補足します。

ラジオのチューニングを１００にセットしていたら、２００の放送や音楽を聴くことは不可能です。これは波動が放つ周波数（波動の動きを指数にしたもの）の違いによるものです。同じように現実を引き寄せる人の振動も、１００と１００、２００と２００というように共鳴し合って、影響し合います。

「叶うわけない」という諦めの感情と「やっぱり叶わなかった」という残念な現実。「叶う」という安心感と「やっぱり叶った」という満足できる現実。前者と後者、それぞれ感情の波動が共鳴し合って、影響し合い、そのエネルギーが現実になっています。

波動が共振する様子はメトロノームを見るとはっきりとわかります。ピアノなどの練習に使う、あのメトロノームです。

メトロノームを１つの台の上に何個か並べて、それぞれタイミングをずらしてスタートさせます。すると最初はバラバラだった振り子が時間の経過につれて共振し始め、同じような動きになってきます。最終的にはすべてのメトロロームの振り子が同じタイミングになり、動きがぴったりと揃います。これは動きというエネルギーの振動が台を通じて物理的に影響し合うためです。

物を介さない共振も、もちろんあります。音叉（おんさ）という音響器を知っていますか？同じ高さの音が鳴る2つの音叉を並べて、1つだけ叩きます。すると、もう1つの音叉（叩いていないほう）も同じ音を出すようになります。あるいは、いろいろな高さの音を出す音叉を並べ、その1つを叩くと、それと同じ高さの音を出す音叉だけ音を出すようになります。これらは音というエネルギーの振動が空気を伝わって共鳴するためです。

私たち人間も波動、つまりエネルギーの波なので、同じようにあらゆる振動に共鳴し、無意識のうちに影響を受けています。

人の波動・振動に強く影響を与えているものは観念・思考を通した感情でしたね。持っている信念体系、思考の癖、それを通して湧き出てくる感情は、独自の波動周波数を放っています。その放った波動と同じ波動のものが共鳴し、現実化しているというわけです。

人も含めてすべてのものは波動でできている。これを言い換えると、私たちが意識を向けるものはすべて波動であるということです。

ということは、少しでも意識を向け始めると、その対象と共振し始めます。その時間が長ければ長いほど、自分自身も同じ波動を出し始めます。

例えば素敵な人がいるとします。「あの人のようになりたいな～」と長くその人を思ったり、その人の写真などを見て「自分がそうなったら楽しいな～」と感じる時間を長くしていくと、その人の波動と同調してきます。その憧れの人の振動に自分自身もだんだん近づいていき、いつのまにかその人のような振動になるということです。

反対に「あの人のようになりたいけれど、私には無理だ」と思ったり、自分にダメ出しばかりしている時間が長くなると、「無理だ」と思う出来事の波動と同調してしまいます。結果、その人のようになれない無理な現実を創り続けてしまうのです。

波動の振動の「似た物事を引き寄せる」という真実に例外はありません。その共鳴によって現実を体験しています。

「思い通りに叶っていないし、今の現実はまったく望んでいない」という人は、自分がどこに意識を向けやすいパターンを持っているか、観察してみましょう。

自分の思考や感情を観察すると、自分がどのような波動と共振しているのか、どのような波動を放っているのかが、だんだんわかってきます。

そして、むやみに自分の気分を悪くするような考えをやめて、人付き合いも思考も気持ちの良い健康的なものに変化させていきましょう。

自分が考えていること、意識を向けるものが現実化するものだと認識し、意識を向ける方向をコントロールできるようになれば、自分の思うような現実を楽に創造し、体験できるようになります。

私たちが日頃、無意識で感じている感情の波動に共振したものが引き寄せられ、現実化され、それを体験しているという原理が、だんだんわかってきたでしょうか。

この原理を理解し、

なんとなく無意識で現実を創り出し、体験していた
↓
自ら意識的に体験したい世界を創造し、体験する

このように変えていくのが意図的な創造であり、願いが叶う引き寄せのやり方です。引き寄せの法則はすべてに働いています。この情報をまず認識してください。この法則を意識的に活用していくことで、あなたの望む現実を引き寄せて、体験することができるのです。

まとめ

人間やすべてのものは波動エネルギーでできていて、波動は振動し共鳴し合う性質を持っている。同じものと共振するために、私たちの出す波動と同じ現実を引き寄せることができる。

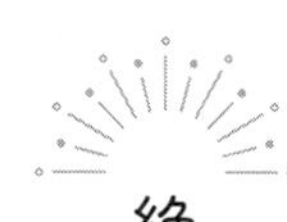

絶対的な宇宙の法則とは？

全宇宙に共通する「宇宙の法則」というものがあります。絶対的な法則で、この原理に沿ってすべての生命は存在し、成り立っています。もちろん地球も当てはまります。例外はありません。

ただ、地球に住む私たちはこの法則や原理の使い方をすっかり忘れてしまっているので、多くの宇宙意識たちはこの法則を地球人の私たちに思い出させようとしています。そのために、引き寄せの法則や宇宙の原理を中心とした方法を伝えてくれています。

では、この宇宙の法則とはどんなものなのか紹介していきます。

冒頭で、私が引き寄せの参考にしているのがエイブラハムやバシャールという宇宙意識のメッセージであるとお伝えしました。

改めて、宇宙意識とは何かというと、人間の意識を超えた、より高次の意識形態のことです。エイブラハムは特定の人物を指すのではなく、人類よりはるか高次の存在である無数の叡智の集合意識体で、バシャールもエササニ星に住んでいる宇宙意識で、個人ではなく複数の意識が合わさったような存在です。

その宇宙意識のエイブラハムがいつも紹介している宇宙の法則は３種類あります。

１つ目はズバリ「引き寄せの法則」、２つ目は「意図的な創造の方法論」、３つ目は「許容し可能にする術」。この３つです。

①引き寄せの法則

「似たものは、引き寄せられる」という法則ですべてのものに作用する、最も強力な法則。自分が発する波動と近い波動が共鳴して自然に集まってくる、いわゆる「類は友を呼ぶ」という状態を起こします。

まさに、ここまで説明してきた内容です。最も有名な法則で、願望を実現するときに用いられる方法です。

もう一度まとめると、自分も含めてすべては波動です。波動は振動しているので、共振し、引き付け合って、それによって私たちは体験したいことを体験しています。

だから、人間にとって引き寄せの法則のコツは、観念・思考を通した感情をコントロールしていくことにあります。

②意図的な創造の方法論

思考を向けたものは、望むものもそうでないものも、目の前に現れるという法則。つまり私たちは、「意図的に思考すること」で現実を創造できます。自分の叶えたい願望を想像し、イメージしたものを実現することを言っています。

これについても触れてきました。

まず、無意識で思考を向けたものが現実になっていることに気が付くこと。そして、今の段階から、次に進む段階の思考や感情、波動をコントロールし、自分の望む世界を意図しながら現実化する、創造すること。
意図しなければ、無意識に感じている創造が繰り返されてしまいます。

③許容し可能にする術

「ありのまま受け入れること」「私が私自身であること、他のすべての人がその人自身であることを受け入れる」ということで、他人の言動に惑わされることなく、自他の区別を明確にし、受け入れることです。

自分を許し、他者を許すこと。誰もが神であり、創造主であり、ソースエネルギーであることを信頼し、受け入れていくこと。この許容範囲が広ければ広いほど受け取れる大きさも広くなっていきます。

波動を安定させることもこの中に入ります。

３つの法則は関係し合っていますが、引き寄せの法則を発動するうえで、この許容し可能にする術は非常に大事なポイントになります。

ちなみに創造主とは宇宙や生命の創造のエネルギー、ソースエネルギーとは宇宙の源のエネルギーで中心のことです。神と創造主とソースエネルギーはそれぞれ違ったもののようですが、同じことを表しているともいえます。

この3つをどのように活用していけばいいの？

まずは①の引き寄せの法則の共振の法則を知り、この世界のからくり、現実で起こることの本質をエネルギーの観点から理解していくことです。そうすると無駄に悩まなくなります。

ここまで概念を説明してきましたが、ここで立ち止まって「自分はどうかな？」と考えてみましょう。

- 今のあなたの現実は何と共振しているのか
- 今までどんな物事を引き寄せていたのか
- あなたの周りの人はどんな人か。どんな人を引き寄せていたのか次に、②の意図的な創造の方法論で自分が自分の世界を創っていた、引き寄せていたことを知り、これからは意識的に自分の思考をコントロールしていきましょう。

具体的には、次のような取り組みです。

- 日常で、いつもどんなことを考え、どこに思考を向けているのか観察する
- 望みを明確にして、意図を放つ（これが現実化していきます）
- 望むものと望まないものを分けて、望まないものを削ぎ落とし、すっきりさせていく

③の許容し可能にする術について、まず知っておいてほしいのは、創造のソース（源）や創造主、神はこの世に存在するすべてを許容しているということです。

創造のソース（源）とは根源であり源のエネルギーのこと。神、創造主、ソースエネルギーと言葉は変わっても同じエネルギーのことです。

いずれも、あなたのすべてを許し、受け入れ、最高の慈愛の目を向けてくれています。

私たちも、自分、他者、出来事、すべてを受け入れていくことで、すべてが可能になっていきます。

・自分のすべてを許し、受け入れていく
・他者のすべてを許し、受け入れていく
・最高波動である愛と感謝を自分にも他者にも向けていく

許容し可能にする術については、もう少し詳しく見ていきましょう。

まとめ

宇宙の法則は、1「引き寄せの法則」、2「意図的な創造の方法論」、3「許容し可能にする術」の3種類。
この3つを活用していくことが大事。

宇宙はどんな思いも否定しない

宇宙は全肯定です。否定というものがありません。宇宙や地球の中で起こっているすべては宇宙に許されているからこそ起こっていて、私たちが体験しています。

日常の中で「あんなこと言っちゃった」とか「こんな悪いことをしてしまった」と自ら思ったり、人に非難されたとしても、宇宙の見解はすべて全肯定です。どんなことだってOKで、私たちのやることをすべて優しく温かく見守ってくれています。宇宙は責めたりすることは一切ありません。

私たちは何を望んでも、何を欲しても、欲張りでもいいのです。

宇宙にはすべての生命の望みを叶えても有り余るほどのエネルギーが無限に広がっています。望み放題ですから、どんどん望んでいきましょう。

この宇宙は全受容で否定がないという概念こそが、本来の私たちのあり方です。それほど私たちのエネルギーは大きく広がっています。

私は、すべての望みを叶えて、最終的に全受容・全肯定の境地に至ることが一番の到達点なのだと思っています。

「宇宙には否定がない」というのは、多くを引き寄せるためにものすごく大事なポイントになります。逆の言い方をすると、うまく引き寄せられない要因の多くがここにある可能性が高いということです。

全肯定というのは、裏を返すと「否定を知らない」ということです。私たちの願いや思いに対して一切ジャッジや否定がないのです。

悩みや不安な気持ちに対しても、宇宙はそれを悪者とはしません。「この人はそれを求めている」と宇宙は認識するので、悩みや不安な気持ちを放つと、それを現実として返してくれます。

だから、私たち自身がコントロールをしてポジティブな方へ意識を向ける必要があるということです。

日頃、私たちは楽しいことよりも不安な方へ意識を向けがちです。これは自分を危険から守るための本能なので、悪いことではありません。けれど、心配しても仕方のないことまで心配したり不安に思ったりするのは、もうやめていきませんか。

というのも、この不安な感情は引きが強いのです。まるで強烈な磁石のように、ネガティブな意識の方がポジティブな意識よりも引き付ける力が優り、そこに強い感情が働きます。すると、宇宙は「この人はそれを求めている」と認識して引き寄せの法則が発動します。

宇宙は常に、私たちの波動エネルギーが強く反応していることを現実にしていきます。ポジティブなこともネガティブなことも分け隔てなく、その人の意識が強く向いている方へ引き寄せる力が向かい、現実化されます。

私は「貧乏でいたくない」とずっと思っていました。なのに「貧乏でいたくない」という願いはなかなか叶いませんでした。

というのも、宇宙では否定がなく、言葉の否定形もないので「貧乏」を願っているのだと捉えてくれていたのです。だから「貧乏でいる」という現実がそのままずっと形になっていました。

では、「貧乏のままだと困るので、お金が欲しい」という望み方ならどうでしょう。やはり「貧乏のままで困っていたい」と捉えられてしまいます。

同じように「彼氏がいないのが恥ずかしいので、彼氏が欲しい」と望むことも「彼氏がいなくて恥ずかしい思いをしたい」と捉えられるということです。

不安要素を持ちながら願っていることには必ず、何かを避けようとする思考を通した感情が裏に隠されています。宇宙はその避けようとしている思考、感情まで現実にしてしまいます。だから願いと逆のことが起きます。

シンプルに、素直に、「お金がたくさん欲しい」「お金持ちになりたい」「彼氏が欲しい」「彼氏とデートしたい」と願うだけでいいのです。

否定したいことを引き寄せて現実化してしまう例

「△△だから〇〇」という条件付きの望みは、前半の「△△だから」の否定的な条件の方が強い磁力になって現実になりやすいので、気を付けましょう。

・生活が苦しいから、お金が欲しい
・今の職場でいじめられているから、転職したい
・今の彼氏が優しくないから、新しい恋愛をしたい
・体調が悪いから、健康になりたい
・近所の人が意地悪だから、引っ越したい
・子どもが不登校で心配だから、学校に行ってほしい　etc.……
・望みが叶わないから、叶えたい

似た形で「いつか、お金持ちになりたい」という願いも、「いつか」が現実になりやす

く、翌日も「いつか、お金持ち」、翌年も「いつか、お金持ち」という状態が続きます。

謙虚さや遠慮は無用！　何でも願ってOK！

宇宙には、シンプルにストレートに願いを放つのがポイントです。謙虚さや遠慮は無駄ですし、かえって逆効果になります。

次のように、どんどん願って、引き寄せを行っていきましょう！

- たくさんお金が欲しい
- 今、お金持ちになりたい
- 理想の職場に転職したい
- 素敵な人と恋愛したい
- ものすごく健康になりたい
- 理想の家に引っ越したい
- 子どもが楽しく学校に行ってほしい

・望みをどんどん叶えたい

何かに意識を向けると「引き寄せの法則」が自動的に働き、目の前に現実化する確率が高まるというからくりです。

現実としてネガティブなことが多いと嘆く人は、日常を見回してみてくださいね。意外とネガティブな方へ意識を向けていたり、ネガティブなことを思っている時間が多いことに気が付きませんか？

その意識はすべて「ネガティブを好き好んでいる」と宇宙へ届けられて、現実化します。本当にシンプルな構造なのです。

まとめ

宇宙は否定を知らない。ポジティブな方や少しでも良い気分の方に意識的に気持ちや感情を向けていくことで、多くを引き寄せることができる。

願いを叶えるポイントは「高波動」

願いを叶えること、引き寄せをすることには、いろいろなテクニックややり方がありますが、**どれもポイントは「高波動」を出し続ける**ことにあります。

なぜ高波動が重要かというと、高波動領域で願いが形になるからでしたね。その創られたもの自体も高波動なので、現実の世界で受け取るときにも、私たちが高波動でなければキャッチできません。高波動なら、願いを出し放題、創造し放題、受け取り放題です。願いを叶え、現実を思い通りにすることができます。

高波動とは何か特別なもののように思っていたかもしれませんが、「良い気分でいること」「リラックスしていること」これでOK。単純で、とっても簡単です。

良い気分の波動は高く、細かく、線のよう微細な振動なので、少しの労力ですぐに伝わり、宇宙と行き交わすのが簡単なのです。

反対に、引き寄せの法則でうまくいかないのは低波動で引き寄せを行おうとしているからです。それは「悪い気分でいる状態」。低い波動は荒く、周波数の波も大きいので動きづらくなり、振動が伝わるのにものすごくエネルギーが必要です。

高波動で願いが形になり、高波動で受け取るので、願いを放つときも、その願いが創造されて熟成されるときも、受け取るときも、私たちは高波動である必要があります。

高波動＝高周波

すぐ形になる
届きやすい、振動しやすい
伝わる

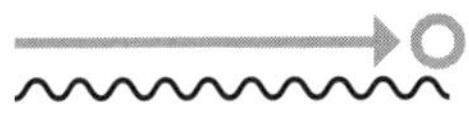

低波動＝低周波

波が荒い
伝わらない、届かない

そのためにはまず、自分がそれを本当に願っているのか、求めているのかを改めて見てみましょう。正直に感情を見てみるのです。

この願望がぼやっとしていると、ぼやっとした叶い方になります。願望を明確にして焦点を定めましょう。

また、「○○になった。ありがとうございます！」と感謝を入れると、より感情が広がり、最上の波動が強く出ます。

宇宙には「否定」という概念がないので、なんでも望み放題、叶え放題です。

無限の豊かさにアクセスするには？

宇宙には無限の豊かさがあります。

一方で、多くの人は、無意識のうちに「自分は豊かさを受け取る資格がない」と、お金などの物質的な豊かさも、精神的な豊かさも、他の様々な豊かさも拒んでいます。

そんな不足の状態から豊かさを受け取っていくには、意識的に今までのパターンに気が付いて、豊かになることを自分に許可していくこと、自分に許していくことが大事です。

次のことを意識的に続けていきましょう。

- 豊かさを受け取ると許可をすること
- 豊かになることへの抵抗を解放すること
- 受け取ることへの罪悪感を手放すこと
- ないものや不足に意識を向けるのをやめること
- あるものに意識を向け続けること
- 今に感謝をすること

まとめ

宇宙には無限の豊かさがあることに気が付き、「ない」へ意識を向けるところから、「ある」や、豊かなものに意識を向け、豊かさと同調し続ける。

私たちの意識には潜在意識と顕在意識がある

私たちの意識は2種類の意識に分かれているといわれています。顕在意識と潜在意識です。潜在意識は超意識ともいいます。

引き寄せを思い通りに行う上で、この顕在意識と潜在意識を理解すると現実化しやすくなります。事実、願望実現や自己実現において、顕在意識と潜在意識の関係に注目した多くのメソッドややり方が広まっています。

顕在意識と潜在意識のそれぞれについて、根本的にどんな役割があるのか、どのように使うと効果があるのかを説明しましょう。

顕在意識とは、意識できる領域です。

自分や他者、日常で見えているもの、考えているものなど、許容できる範囲の意識のことです。

潜在意識とは、無意識の領域で、〝意識できない意識〟です。

日常では私たちが意識していないことの方がほとんどで、それはすべて潜在意識、無の状態になります。

割合は、顕在意識1～5％（意識のある状態）、潜在意識95～99％です。

引き寄せと直接結びついているのは、潜在意識の感情になります。

望む状態を顕在意識（意識のある状態）でどんなに思っても、潜在意識で抵抗があると現実に対して抵抗が生まれ、うまく引き寄せをすることができません。

では、どうしたらいいのでしょう。〝意識できない意識〟なんて、自分ではどうしようもない気がしてしまいますよね。

じつは、ここでも大切なのが、感情の抵抗をなくしていくことです。この感情とは、顕在意識（意識のある状態）の方の感情です。そうすると、顕在意識で願った願望に潜在意識も抵抗なく反応し、現実化できます。

ややこしく感じるかもしれませんが、引き寄せと直接結びついているのは潜在意識の感情で、そのためのカギになるのが顕在意識なのです。

宇宙意識のエイブラハムも顕在意識こそ重要だと伝えています。なぜなら潜在意識は波動の勢いが活性化していないため引き寄せのポイントにはならず、潜在意識だけでは人生に影響を与えられないのです。顕在意識で何かにフォーカスして感情が働くことによってはじめて引き寄せが働くのだとエイブラハムも言っています。

潜在意識によって現実化していきますが、そもそも顕在意識で「決めること」「決め続けること」をしなければ潜在意識は動かず、勢いもないので何も起きない、ということです。

顕在意識で、まず「決める」。そのエネルギーによって自分の潜在意識も宇宙も動き出し、潜在意識の感情が出て、現実化していく。そのように私は理解しています。

この「決める」ことができるのは、顕在意識を任せられている私たち一人一人です。

ですから、顕在意識を極めていくこと、つまり「決める」「クリアーに意図する」これを徹底していけば、95〜99％の潜在意識を自分の思い通りに動かすことができるのです。

顕在意識はすべての意識の司令塔です。わずか1〜5％と割合は少ないですが、会社などの組織でも、スポーツなどのチームでも、少数のリーダーが残りのメンバー全員を導いたりしますよね。同じように、顕在意識で良い方に意識を向けるのか、悪い方に意識を向けるのかで、95〜99％の潜在意識すべてが同じ方向を向いてくるということです。

自分の顕在意識の方向付けを、今まで以上にていねいに行っていきましょう。

こういうことも言えます。

99個の願望がうまくいってなくても、1個でもうまくいくものがあったら、それに強く意識を向けていく。すると、99個の方も一緒にうまくいくようになるということです。これはかなり楽ですよね。

反対に、1個悪い方に意識を向けていると、残り99個の良いことが悪い方へ……ということにもなってしまいます。

それだけエネルギーの流れは共振するということ。司令塔である顕在意識、それを任されている私たち一人一人の役目は、思っている以上に大きいのです。

顕在意識の割合は1～5％、潜在意識95～99％。

ただし、顕在意識で「決めること」「決め続けること」をしなければ、潜在意識は動かないし、何も起きない。

ただ、決めればいいだけ！

宇宙意識や高次元の存在たちは口々に「ソース（源）のエネルギーと同調し、なんでも叶う世界がある」「なんでも思い通りに創造できる世界がある」と伝えてくれています。

私は引き寄せを学び始めて、そのメッセージを受け取れるようになりました。それは直感や振動、気持ちの良い波動の感覚として、五感を通して伝わってきます。

この「なんでも叶う世界」「なんでも思い通りに創造できる世界」で、じつは私たちには驚くべき力と役割があります。

潜在意識（超意識）の無限のエネルギーを操れるのは、顕在意識です。司令塔の顕在意識が潜在意識を動かします。逆に言うと、潜在意識エネルギーは司令塔の指示がなければ動かない、何も変化はありません。司令塔の私たちが迷っていたり、ぼやっとした指示を潜在意識に送っても、潜在意識は動けません。動いたとしても、ばらばらの動きになってしまいます。私たちが顕在意識ではっきりと決めることで「0→1」に動き出すことができるのです。

どうするか選択する、どうしたいか決めることで潜在意識（超意識）はその決めたことを現実化するための道を創り出します。

すると私たち自身もパワフルになり、「何とかなるだろう」という根拠のない自信が湧き出てきます。未来の理想を生きる自分からのポジティブなエネルギーを感じて、内側からパワーがみなぎってきます。

何より、決めた瞬間からふっと心が軽くなり、明るく、すがすがしい気持ちになります。

これこそが高次元の自分自身、ハイヤーセルフとつながっている証拠です。

決めた瞬間からもうシンクロが増え出して、朗報が舞い込んできたり、サポートをしてくれる人に出会ったり紹介されたりということが起こってきます。

大きな願望や望みに対しては、特に資金などの面で「どうやってそれを実現するの？」と躊躇する気持ちや恐れなどが出てくるかもしれませんが、とにかく「でも、こうしたい」と決めること。

すると資金面のような現実的なことでも、不思議な巡り合わせが起こって、解決の糸口が見えてきたりします。

宇宙意識のエイブラハムも次のように伝えています。決めることで、矛盾した創造から意図的な創造へ変化させていきましょう！

――「創造のプロセス」は、創造主の意図で発動する。創造が進む前に、あなたがたの中の意図がさまざまであっても調和させておかなくてはならない。（中略）はっきりとした意図を持たず、創造するものがあちこちに散らばり、創造力も分散する。時には、互いに矛盾した創造が引き起こされ身動きが取れない感覚になる。しかし、自分の意図を明確に持っていれば、あなたがたが焦点を定めるものや思いを巡らすものは意図した方向へと自然に流れだす。つまり、あなたがたはネガティブな会話に引き寄せられたり、昔の習慣からの意図に反応したりと、あちこちさまよっているのだ。それは自分の主たる意図をきちんと決めていないからだ。（中略）主たる意図が何なのかがわかれば、自然なプロセスがあなたがたの意図の向かうほうへと導いてくれ、経験を意図して創り出せるようになるだろう。

（『エイブラハムの教えビギニング』（エスター・ヒックス、ジェリー・ヒックス著、ダイヤモンド社　p.56）

決めて自分のスイッチを押す

決めたことで最近、私が体験した奇跡の一つです。

私の願望はこれまで以上にダイナミックになってきて、シェアハウスやリゾート地など、安心して過ごせる場所が欲しいと思っています。それで、とりあえず「やるっ！」と決めたところ、不思議なことが起こりました。知人に紹介してもらった人が大企業の社長さんで、なんと「あなたを応援したい」「私にできることなら何でも言ってください」とおっしゃるのです。おかげで今後インドでシェアハウスやアシュラム（ヨガや瞑想をする施設）をつくるということが実現しそうです。

また、「どうせなら政府関係者も巻き込んで実現したいな」という思いもあるのですが、その社長さんは政府関係のコネクションもたくさんあるようで、ますますすごいことが現実になってきました。その他、インドのスピリチュアル観光大使になりたいな～と思っていたら、インド大使館関係の方とつながっている方ともご縁ができ、今度紹介してもらえることになりました。

とにかく「やるっ！」と腹を決めたら、奇跡のようなことが動き出し、目の前で次々と展開されていった体験でした。

私はこの体験によって精神的にも大きく成長するでしょう。すると宇宙は拡大していきます。どういうことかというと、自分の意識と宇宙の意識が連動していて、宇宙の拡大に貢献しているということなのです。

決めることで司令塔としての自分が使命の道を進みだし、ソース（源）、魂と同調して、飛躍と拡大の方へ大きくエネルギーが動きます。

決めたそのエネルギーがすべてを目覚めさせ、動かし、私たちを導いていくのです。

決めるということは、私たち自身が自らのスイッチを押すという行為に他なりません。

逆に、どんなに運や才能や人脈があっても、本人が決めなければ、何も動かず、何も始まりません。運とは高波動のエネルギーのことです。シンクロニシティがたくさん起こるという状態が「運がある」ということです。起こったシンクロニシティに従って行動しないと、その運を生かすことができません。

司令塔が決める

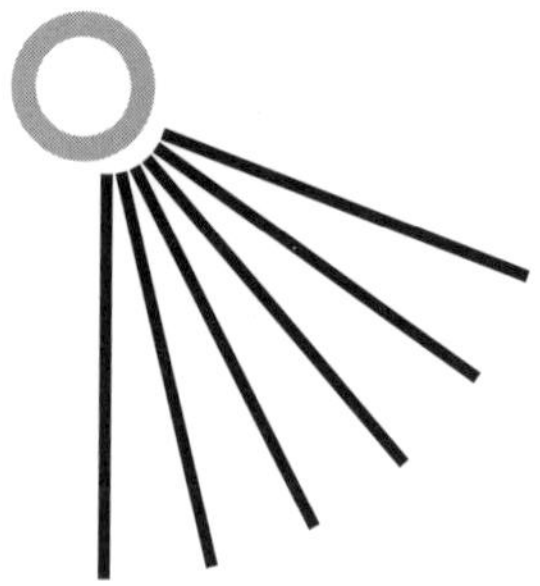

1 点集中でエネルギーが集まり現実化も早く楽々

司令塔が迷う状態

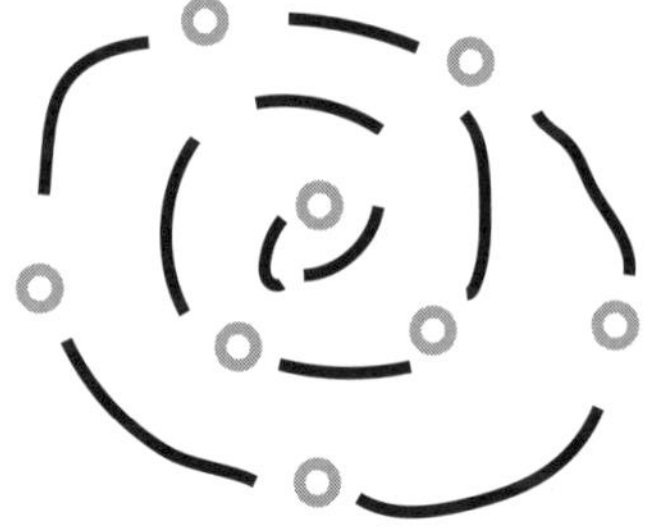

エネルギーが散漫になり分散している

「決めない」ということは、ただ現状維持するだけです。一見、安定しているかのような現実の創造を繰り返し、それにエネルギーを使い続けていくのは残念です。

そのエネルギーを願望実現に使いませんか？　それには「やるっ！」と決めればいいだけです。

望みを現実にする方法

以前、「もったいないな」と思う人がいました。人当たりもよく、ソフトなのですが、どんなことでも決めるときに他の人に判断を委ねてしまいます。

決めるということは当然、責任が伴います。それが怖くて「決める」ということをしないんだな、と感じました。その人自身がそれでよければいいのですが、ぱっとしない現状にもんもんとしている様子でした。

このような人は本当に多いと思います。特に日本社会では一般的なルールに従ったり、自分の意見を言わない方が、何かと指摘されないですむようなところがあります。「出る杭は打たれる」というやつです。そのせいで、自分で考えることを放棄してしまって、力が出せずにいるのでしょう。それでは、まるでロボットです。

そうしていると、自分というものがわからなくなってしまいます。**自分の本心がわからなければ、本当の力を出すことは不可能です。**会社の上司、親や兄弟姉妹、力のある他の誰かに決めてもらうことを繰り返している限り、自分に備わっている本当の力を相手に明け渡してしまうことになります。

それは、自分の大事な人生を誰かの決断に明け渡していること。そういう人生は後悔が付きまとい、そのせいで決めてくれた誰かを非難するようなことにもなりかねません。どんなに立派な人でも、人は誰でも完璧ではなく、間違えることはたくさんあるからです。もちろん自分で決断することで失敗もあるでしょう。でも、それが自分の経験になり、次への財産になります。

本当の意味での神であり、創造主、この世界を創った創造主の意識に近づくのは、この

「自分で決める」ということを増やすことで、だんだん感覚がわかってきます。なぜなら一人一人が神であり創造主だからです。

今からでも絶対大丈夫です。

「意識的に決める」「腹を決める」ということを繰り返してみてください。

そういうと、ちょっと力が入ってしまうかもしれませんが、「決める」ということは世間で思われているよりも気楽で、楽しくて、軽いことです。

「責任が伴う」とか「失敗もある」と書きましたが、心配する必要は一切ありません。というか、決めると根拠のない自信が出てきますので、気にならなくなってきます。

一人一人が自分の人生の司令塔です。無謀と思えることでも「やるっ!」と決めることで、奇跡が働く方向へ宇宙が動き出します。たくさんの楽しい奇跡は、じつはこの「決める」ことから起きているのです。

これはとても重要なメッセージですから、絶対に実践してくださいね。

できれば、今日から意識的に全部自分で決めること。人の判断を鵜呑みにしないで、すべてのことを一度、自分に落とし込んでから決めるようにしましょう。
そういう行動パターンに切り替えて、習慣にしてほしいと思います。

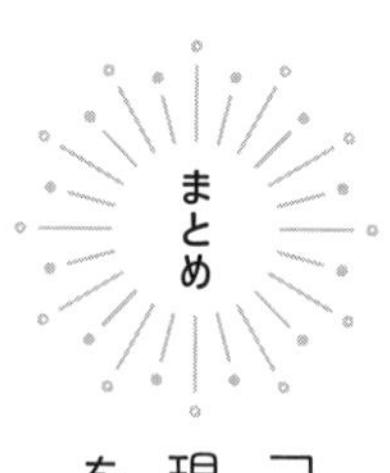

「意識的に決める」と、潜在意識（超意識）はその決めたことを現実化するための道を創り出す、「自分で決める」ということを増やすことで、宇宙の創造主の意識に近づいていける。

68秒で叶う引き寄せの5つのステップ

いよいよ、68秒で願いが叶う、エイブラハムの方法をお伝えします。

引き寄せの法則を生活に生かして意識的に発動させるのにとても大切なのは、波動と意図を明確にすることです。

波動が低い状態で望んでも宇宙に届きません。届けるためばかりでなく、叶った望みを受け取るときにも高い波動でいる必要があります。つまり、常に波動を一定の良い状態に保つ必要があるのです。

また、宇宙には否定の概念がないので、意図を明確にしてシンプルに望まないと、ゆがんだ願いが現実化されてしまうこともお伝えしました。

意図を明確にし、叶ったときの感情に意識を集中して焦点を定め続ければ、波動はより遠くまで届くようになります。秒数にすると、

・17秒、叶った気持ちを味わう↓宇宙に信号が届く
・68秒、叶った気持ちを味わう↓願いの現実化に必要なエネルギーになる

17秒で自分が放っている波動に変化が生じ始め、宇宙に信号が届きます。68秒は現実化

に必要なエネルギーになり叶うための準備が整うタイミングなので、宇宙の物質化が動き出します。

ちなみに、同じ現実化を行動や努力だけで叶えようとすると、どれだけの努力が必要だと思いますか？

・17秒、叶った気持ちを味わう＝2000時間（約3か月）の行動量
・68秒、叶った気持ちを味わう＝8000時間（約1年）の行動量

17秒でもいいのですが、私のおすすめは圧倒的に68秒です。

私が「68秒」の重要性に気づいたのは、本格的に願望を現実にしようと思ったのがきっかけでした。それまではなんとなくだらだら感情を味わうという引き寄せの仕方をしていて、叶ったのか叶わないのかよくわからないものも多いという状態でした。ところが、68秒、叶った気持ちを味わうようにしてみたら、具体的に望んだものが来て、なおかつ叶うスピードが速いという劇的な変化がありました。

それ以来、68秒集中して願望を投げるようにしてみたら、ますますたくさんの引き寄せ

が同時に起き始め、人を望んだら望んだ以上の人、物を望んだらただで手に入ったりするようになり、そしてそれらがあっという間に叶うという効果がありました。

その効果は私だけではありません。例えば、なかなかピンとくる家がなかったのに理想の家を格安で引き寄せたという人がいたり、長年患って途方に暮れていたのに、病気を克服しまったく違う人生を歩みだしたという人がいたり……。

これで、引き寄せを発動させて、願いを叶えるには、この68秒でよかったんだ！と確信に至り、今、引き寄せをするときは集中して複数行い、ほとんど1年以内に叶っているという状態です。これは本当にすごいです。


68秒の引き寄せは、具体的には、次のステップでやっていきます。

ステップ1　波動を整える

〈やりかた〉

・今ここで良い気分になる。「安心」「リラックス」「ほっとする」など

・そのために、今までにあった良いことや幸せだったことを思い浮かべる
・好きなことをする、無になるのも効果的

〈これをする理由〉

・宇宙に届くように、自分の波動を高波動にする　※「高波動＝良い気分」です。
・高波動になると楽しくなる。体が緩み、望む気持ちが自然に出る

ステップ2　叶えたいものを決める

〈やりかた〉

・願望を何個か決める。紙に書き出すとよりよい。なるべく詳細に、具体的に書く
・願望があいまいだと現実化も難しいので、シンプルにする（条件付きの望みにしない）
・たくさんあったら、たくさん書き出す

〈これをする理由〉

・願望や意図が明確になる
・叶ったときのことがイメージしやすく、叶ったときの感情が出やすくなる

ステップ３　願望が叶った気持ちを感じる＋感謝をする（68秒）

〈やりかた〉

・68秒間、願望が叶った気持ちを感じる。「嬉しい」「楽しい」「幸せ」などの感情を出す。それを体験している自分はどんな気持ち？　周りはどんな状況？　なんて言っている？
・感情を出しながら感謝もする
・一つ一つの願望に対して、同じように68秒間、感じながら感謝する
　※カウントはタイマーなど使ってＯＫです。

〈これをする理由〉

・叶った感情の波動を先に出すことで、現実化が始まる
感じたい感情はたいてい「嬉しい」「楽しい」「幸せ」「安心」など。それを先に感じる

・68秒間集中して感情を感じると、宇宙の物質化が動き出す
・感謝を入れていくとさらに感情が強く出て、エネルギーが広がる

ステップ4　受け取る波動を常に整える

〈やりかた〉

・願望を出したあとも、常に波動を整える
・「安心」「リラックス」「ほっとする」などの感情を出す
・好きなことをする、無になる、瞑想する、夢中になることをするのも効果的

〈これをする理由〉

・高波動で願ったものを受け取るために、常に高波動をキープする
・宇宙で高波動レベルのボルテックスを高速回転させるためにも、波動を整える。波動を整えれば整えるほど高速回転して現実化が速くなる

※「ボルテックス＝エネルギーの渦」です。

ステップ5　直感やひらめきに沿って行動

〈やりかた〉

・直感やひらめきが来たら、それに沿って行動していく

〈これをする理由〉

・直感やひらめきは、全体を見ている高次の自分自身（ハイヤーセルフ）から来ている
・こうして得た1つの直感インスピレーションは普通に行動する半年ぶんの努力と同じ。
　これに沿って行動すると、願いが叶う

このステップで宇宙は無限にあなたの望みを叶えてくれます。愛もお金もすべての豊かさも与えてくれます。

まとめ

引き寄せのステップに重要なのは波動。波動に始まり波動に終わる。

ステップ1　波動を整える

ステップ2　叶えたいものを決める

ステップ3　願望が叶った気持ちを感じる＋感謝をする（68秒）

ステップ4　受け取る波動を常に整える

ステップ5　直感やひらめきに沿って行動

感情で感じたあとに物質化する

私たちの波動の多くは観念や思考を通した感情の波動でしたね。だからこそ、68秒間、願望が叶った気持ちを感じて、叶った感情の波動を先に出すことで現実化が始まり、引き寄せがうまくいきます。

私の経験からも、現実化の指針になっているものは感情エネルギーだな、と感じます。観念や思考ももちろん大きな要素ですが、具体的に引き寄せているものに影響している周波数に相当するものは、私たち人間の場合、感情エネルギーだと強く思うのです。

周りを見ても、いつも楽しんでいる人は、同じような楽しんでいる振動数（周波数）を持つ人や環境、物事と共振して、楽しく幸せな現実を体験しています。

引き寄せの法則で観念や思考のコントロールの方に注意が向きがちですが、じつは思考の方よりも感情を見ること、感情を観察していくことの方が重要で、簡単なんです。

おさらいすると、感情には特有の振動数（周波数）があり、楽しさは楽しさと、喜びは喜びと、悲しさは悲しさと、怒りは怒りと、虚しさは虚しさと、同じ種類のエネルギー同士が引き合うのでした。

今の自分の感情と現実、いつも感じている感情とずっと現実になっている世界を見てみると、出している感情によって引き寄せる現実もそうなっていることがわかるはずです。

引き寄せの法則を実践する際には、感情に注目することが重要だと、宇宙意識のエイブラハムも言っています。2冊の名著でもそのことに関する記述がありますので、紹介させてください。

——感情というのは物質界のものではない。内なる世界から生まれ、内なる自分を通してあなたがたに直接伝わってくるのだ。（中略）あなたがたが望むものに対してポジティブな思考を巡らせ、ポジティブな感情を持てれば、その瞬間、思いを巡らせたものを受け入れ、意図して創造していることになる。感情が激しければ激しいほど、創造も起きやすくなる。望まないものに思いを巡らせている時はネガティブな気持ちになり、望まないまさにその事柄を創り出していることになる。これが法則なのだ。

『エイブラハムの教えビギニング』（エスター・ヒックス、ジェリー・ヒックス著、ダイヤモンド社 p.36）

——どんな瞬間でも、あなたがアクセスできる感情は実は二つしかない。今よりもっといい気分になるか、あるいはもっと嫌な気分になるかのどちらかだ。今どこにいて何を見つめているにしても、そこで可能ないちばんいい気分になるぞと決意すれば、「内なる存在」「源（ソース）」、そして自分の願望のすべてといい関係を結べる。あなたの人生はいつでも楽しいものになる。

『理想のパートナーと引き寄せの法則』（エスター・ヒックス、ジェリー・ヒックス著、SBクリエイティブ　p.52）

感情には「良い気分」か「嫌な気分」の2種類しかない。このようにシンプルに言われると、「確かにそうだな」と腑に落ちますね。

何か考えているときに、感情に意識を向けてみてください。ワクワクと前向きでポジティブな感情の場合は、正しい方向で魂やハイヤーセルフ、宇宙と同調した流れに沿っています。そのまま高波動の状態でいましょう。

逆に、ネガティブな感情の場合は、内なる自己と自分自身がずれています。ネガティブなことを現実化してしまう恐れがあるので、その方向性には意識や思考をなるべく向けないようにしていくことが正解になります。

ハイヤーセルフや内なる自己ソースとは、日常で「感情」というナビゲーションシステムによってつながっているといえます。正確に言えば、**良い気分のときはつながっていて、嫌な気分のときは外れています。**

ちなみに、ハイヤーセルフとは神の領域の自分自身のことで、内なる自己ソースとは自分の創造のエネルギーのことです。

前述のソースエネルギーや創造のソース（源）と言葉が似ていますが、源から枝分かれした自分自身のことです。

感情に目を向けると、正しい思考の向きがわかり、望みや願いを正しく引き寄せることができます。

感情が良い気分か悪い気分かで、思考の状態もだいたいわかります。

そして、感情が強ければ強いほど波動も強くなり、高まれば高まるほど波動も高まり、現実化するスピードは速まります。それだけ早く望む世界が創造されます。

まとめ

感情が強ければ強いほど現実化は加速される。
現実化するために観察するべきものはじつは感情である。

すぐに叶うものと時間がかかるものの違い

「小さな願望は早く叶うけれど、大きな願望は叶うまでに時間がかかったり、叶わないことも多い気がします。なぜでしょう。叶えたくて願望を何度も投げているのに現実化しないので、ああ、また叶わないのか……と落胆してしまいます」というご相談がよくあります。

こういうときは、タイムラグによって余計な思考が働いてしまい、引き寄せを阻害してしまっている可能性があります。

私たちの生きているこの世界は「物質の世界」です。物質の世界というのは波動が物質化しているように見えている世界ですが、やはり「波動の世界」なのです。

波動の物質化には、願望を投げてから現実化まで必ずタイムラグがあります。このタイムラグが私たちの生きている物質の世界の特徴です。タイムラグがあるから面白くもあり、もどかしくもあるのですが、「時間差が必ず起こるのが、この物質の世界」と知っておいてくださいね。

その中で、現実化に時間がかかるのは、望み方が足りないわけでも、大きな願望だからでもありません。

考えられる理由はただ一つ。「放った願望の波動と一致していない」ということです。他の理由を探しがちですが、これが答えです。自分自身が放った願望とエネルギーを一致させるのに時間がかかっているのです。

すぐに叶うのか、なかなか叶わないかは、願いの大小ではありません。波動が一致するのにかかっている時間の差です。

すみやかにエネルギーを一致させれば宇宙がその波動をいち早くキャッチして凝縮し、その周りで物事が早く起こり、現実化も早まります。

放った願望の波動と一致しないのは、そこに抵抗が生まれているのです。

現実化するのにはタイムラグがあることを知らないばかりに、「まだ叶わない」「遅いな」と心配していると、それが抵抗になって現実化するものも現実化しなくなってしまいます。

感情は「良い気分」か「嫌な気分」の2種類だと、宇宙意識のエイブラハムが言っていましたね。「まだ叶わない」「遅いな」という心配は「嫌な気分」の感情として摩擦になってしまうのです。

願望が叶っていないなら、一度立ち止まってみてください。そんなときこそ、波動がどこで一致していないのかを特定しやすくなっているはずです。どこで違和感を覚えているのかを見てみましょう。

違和感に気づくことができたら、そうした摩擦や抵抗を生む考え方や思考を1つずつ手放し、クリアーにしていきます。そうすれば感情が変わり、放った願望の波動と一致していきます。

摩擦をそのままにして「なぜ叶わないのか」という思いを抱えたまま何度も願望を投げたとしても、根本原因が解決しない限り、願望の波動と自分の波動は一致しません。「なぜ？　なぜ？　なぜ叶わない？」と、その不満が強くなればなるほど抵抗は強くなってしまいます。その望みは平行線をたどり、結果「叶わない」となってしまいます。

望みが叶わないことにも、時間がかかることに対しても、自分を否定する必要は一切ありません。他者のせい、今の現実のせい、などということも一切ないですよ。

望みは願望を放ったと同時に宇宙で形成され、もうほとんどできているようなものです。けれど私たちは物質世界にいてタイムラグがあるので、いつ現実化するかはわかりません。

ですが、現実化は必ず起きます。自分の想像を超えたタイミングで、最高の形として、完璧な状態と感動を私たちに見せてくれます。

必ず私たちの願いは現実化されるので、宇宙の法則を信頼してください。

落ち込んだときや葛藤があるときは、宇宙が最高のタイミングで現実化していくことを信頼し、いったん願いのことは忘れて、自分の波動を整えることに専念しましょう。

「この世界を創っているのは自分自身」であることを思い出してください。

宇宙と、人間である私たちとのコラボレーションで、願いは現実化していきます。宇宙が私たちの願望の波動をキャッチし、現実化の創造が始まります。良い気分で過ごし、自分の波動を整え、ソース（源）と同調した波動を出していると、宇宙が創造した波動と一致して、最高のタイミングで現実化していきます。

人間の私たちが行えることの範囲は「波動を望みに一致させること」「受け取るために良い気分でいること」、この２つです。

大きな願望も小さな願望も達成に時間がかかるわけではありません。

望みの波動と自分の波動が一致していれば叶い、望みの波動とずれていると叶うものも叶いません。

まとめ

波動を整え、宇宙やソース（源）の意識と同調した波動を良い気分で出していると、宇宙で創造した波動と一致し、最高のタイミングで現実化していく。

30日間で習慣を変える4つの取り組み

ここまで引き寄せがなぜ起こるかの原理について詳しくお伝えしてきました。引き寄せはまったく難しくありません。簡単です。今まで何があっても、あなたがどんな性格だろうと関係ありません。過去は忘れて、ぜひ気持ちを切り替えてください。今日から、今から、変わることができる、変えることができる。これも宇宙の法則です。

ただし、しっかり決意していただきたいことが1つだけあります。

それは、意識的にこの現実を動かしていくために、日常の習慣や生活のスタイルを波動中心に変える、ということです。

具体的には、願望を投げるときも、引き寄せを受け取るときも、現実に体験するときも、良い気分でいることです。意識をなるべく良い方向へ向け続けるのです。

そのようにして波動を整えておけば、必ず受け取れます。

私自身、「お金をたくさん稼ぎたい」「パソコン1台で自由に仕事をしたい」「夫と仲よくしていたい」「みんなの健康で元気な姿をずっと見ていたい」「ゲストハウスを建てたい」などと叶えたい願望がたくさんあったので、生活のスタイルを波動中心のものにガラッと変えました。

私の発信を知ってくれている人は、いつもインドでのんびりしているように見えるかもしれませんが、当初はまるで違いました。夫がインドに行ってしまい、頼れるのは自分だけ。小さな子ども2人を抱えて、パートを掛け持ちしながら、夜もネットで稼ぐ方法を試行錯誤。起きている時間はずっと仕事をしていましたし、子どものことも全部自分でやっていました。

お金の心配はありましたが、とにかく30日間だけ、あくせく働くスタイルを手放して、波動を整えることを中心の生活を送ってみようと決めました。

習慣を変えるには、普通、30日ほどかかります。必ず30日必要だということではありませんが、定着させるのにそれぐらいかかることが多いとされています。

その30日間に取り組んだのは「波動をなるべく長く整えること」と「願望を投げること」、「ひらめきに従った行動」と「雑念をブロック解除」。この4つです。

①波動をなるべく長く整える

波動を整えるのは「引き寄せのステップ1、4」と同じことです。

日常の中で、安心、リラックス、ほっとする、好きなことをする、無になる状態でいる。

私もなるべく長くその状態にいるようにしました。

いきなりできたわけではありません。「30日間リラックスする」と家の壁の目につく場所に何か所も貼って、頑張って波動を整えました。「頑張ってリラックスする」ってなんだか変な話ですが、習慣を変えるためには自分にそう言い聞かせるしかありませんでした。「68秒感じることは、1年動くことと同じテコの原理」とも書いて貼り出しました。そうやって、がつがつ動きそうになる自分をボーッと無にさせるようにしました。

なるべく波動を整える時間をとりたくて、本当の自分はどのように仕事したいか突き詰めたら「自由で時間に縛られない仕事をしたい！　1日30分ぐらい」というのが自分の希望だったので、自由な時間がとれるように動画に力を入れ、できるだけ少ない時間で仕事をするようにしました。

家事・育児は、「最低限はやって、あとはみんなに手伝ってもらう」というのが望みだったのでやりすぎないようにしていたら、子どもたちが料理をするようになったり、夫や周囲にいるインドの人たちが手伝ってくれるようになりました。

②願望を投げる

これは「引き寄せのステップ2、3」と同じことです。

紙に願望を10個ぐらい箇条書きにして、一つ一つ68秒間集中して、その願望が叶った自分自身の気持ちをありありと感じていきました。

願望が叶ったときの周りの人たちの表情なども感じながら感情の疑似体験をして、波動を宇宙に送ります。

あなたもぜひ、30日間、思いつくたびにこのやり方で願望を投げてみてください。30日間のうち、5日間ぐらいは集中してやってみるのがポイントです。

③ひらめきに従った行動をする

「引き寄せのステップ5」でも触れましたが、波動を整えて願望を投げると「あ！　あの人に連絡しよう」とか「これやりたいな〜」という質の良いひらめきやアイデアが出てきます。同時に、ワクワクした気持ちも湧き上がってきます。それは高次元の自分自身（ハイヤーセルフ）や宇宙から来ています。このひらめき1つを行動にすると、半年間、行動や努力をしたことに匹敵する効果があります。

このひらめきに従って行動しているとさらにアイデアが湧いてくるので、それもノートに書き留めておくようにします。

ただし、行動が増えると波動が乱れるときもあるので、波動を整えることを優先して、休み休み進むように心がけました。

④雑念をブロック解除

このようにして波動中心の生活をしていると、「こんな無意味なことをして何になるのか」とか「時間がもったいない」とか、いつもの自分の生活スタイルに戻そうとする雑念が湧いてきます。そのたびに私は潜在意識の書き換えをして、雑念を気にしないようにし続けました。おかげでかなり頭の中が静かになりました（その潜在意識の書き換えについては第2章で詳しく書きます）。

いつもと違うことをやろうとすると頭のエゴは暴走します。エゴとは自分自身を現状維持しようとしたり、守ろうとする防衛機能のことです。

そこから切り替えるためにも瞑想やワークなどで頭の中の雑念をクリアーにしていくことが大切です。そうすると、楽に、自然に、波動中心の生活に切り替えられるようになります。

こうして波動中心の生活に切り替えたところ、変化が現れました。1週間くらいで「あれ？　気のせいかな」とか「ん？　なんでこんな話が舞い込んできたの？」とか、「確かに、この方が楽かも」というような、あまりにも自然すぎる形で現実が変わり始めたのです。「こんなもんか～」と拍子抜けするような流れで願いが叶い始めました。そして、たいして仕事をしていないのに、どんどん良い口コミが広がっていき、30日が過ぎる頃には「これはすごい」という確信になり、以後はずっと、波動中心の生活を習慣にしています。それによって、ずっとなりたかったリラックスして力が抜けた自分になれました。

魔法のようなドラマチックな出来事や雷にうたれたような衝撃を想像していると、引き寄せたことに気づかなかったりするかもしれません。

引き寄せの方法について、世の中にはたくさんの実践方法やコツが広まっています。ですが、私がこの章に書いた68秒で叶う引き寄せの5つのステップと30日間で習慣を変える4つの取り組みを紹介したいと思ったのは、既存の方法と比べて効率が良く、効果があって、とにかく速いというメリットがあるからです。

まとめ

引き寄せをバンバン現実に起こしたい場合、意識して生活のスタイルを「波動中心に切り替える！」と決断すること。集中して行えばすぐに効果を感じるのでやってみよう。

第2章 マインドブロックを宇宙に解き放とう

マインドブロック（思い込み）を解き放とう

引き寄せやシンクロニシティを日常に増やすことは簡単です。頭も心もクリアーですっきりしていれば、勝手にそのようなことが起きてきます。

逆に、頭や心がクリアーになっていない状態で小手先のテクニックや知識をどんどん詰め込んでも、思うような結果を得られなかったり、何をやっても中途半端な結果になってしまうので、もったいないです。

頭や心がクリアーになっていないというのは、マインドブロック（思い込み）がある状態のことです。

今ではこんなことを書いている私自身、このブロックがガチガチに入っていました。その状態で宇宙や神様にたくさんの願望を投げましたが、一向に思う現実を生きることができず、途方に暮れていました。

引き寄せ＝良い気分か嫌な気分・感情で決まる。

このように第1章で仕組みをお伝えしました。
ここに、ひとこと加えさせてください。

引き寄せ＝良い気分か嫌な気分・感情・思い込みで決まる。

この章では、引き寄せを妨害する思い込み＝ブロックについて書いていきます。
引き寄せを増やしていくために、ブロックをクリアーにする自分なりの方法を何個か身に付けておきましょう。「うまくいかない」というときに、その都度、自分で軌道修正できるのでとても便利です。
いくつかワークを紹介しますので、試してしっくりくるものから習慣にしてみてください。

マインドブロックとは？

マインドブロックとは、何か行動を起こそうとするときに、浮かんでくる考え方や観念で、「うまくいくはずない」「できるわけがない」「そんなことやっても意味がない」「失敗する」「こうあるべき」「こうしなければならない」といった「できない」という抵抗の考えのことです。

これによって自分の許容範囲が制限され、不足の状態を創っています。思い込みを持った状態で行動しても、願いとは違うことが繰り返し引き寄せられたりします。願望に対して否定している状態なので、願望が叶わないのです。

「○○したいけれど△△」と思うものや、「○○したいけれど、でも……」という言葉が出てくるとき、それがあなたのマインドブロックです。

・100万円稼ぎたいけれど、私には難しいだろう

- 起業したいけれど、子どもがいるし、無理そう
- 旅行したいけれど、いつかお金を稼いでから
- 結婚したいけれど、相手がいない　etc.……

願いとは直接つながっていなくても、次のような思い込みもよくあります。

- 今までうまくいかなかったから、うまくいくはずもない　etc.……
- 病気で体の調子が悪く、私には何も価値がない

さらに、その根底を見てみると、次のような過去や習慣、気持ちが潜んでいたりします。

- 親に言われたことを気にしながら生きている
- 人の目が気になる
- 否定されるのを恐れている　etc.……

こうした思い込みはすべて「不足」につながります。不足の状態は不足を引き寄せます。不足を持ったまま何を引き寄せようとしても、結局、不足の現実になってしまうということです。

マインドブロックを解き放つ方法

思い込みをクリアーにしていく方法はいろいろありますが、要は、自分の中での抵抗がなくなればOKです。おすすめの6つの方法を紹介します。

①ブロック解除をする

潜在意識の書き換えをすることで、抵抗のエネルギーをクリアーにして、望む引き寄せに進めるようになります。これがブロック解除で、スピリチュアルなテクニックです。

抵抗のエネルギーは引きが強く、根深いものが多いので、今までうまくいかなかった人はスピリチュアルなテクニックを利用することで、すーっと進めるようになります。

やり方は、123ページで詳しく紹介します。

②自分を満たすと自然に外れていく

常に不足の状態を持っていると不足を引き寄せてしまいます。まるで回し車の中でクルクルと回り続けるラットレースのように永遠にそれが続きます。

それを断ち切るためには、自分自身を満たすこと。満たされていくと心が満足するので、自分の中で抵抗がなくなっていきます。

〈自分を満たす方法〉

- 今までで嬉しかったこと、幸せだったことを思い浮かべて、それに浸る
- 自分の良いところを書き出してみて、自分をほめる
- 自分の存在に心から感謝をする

③無になる瞑想で頭を空っぽにする

瞑想したり、あるものに意識を向けると無になれます。

無になって、頭を空っぽにすることで、今ここにいることができるようになります。今ここにいることで、過去や未来とまったくリンクしない状態となり、過去の出来事で作られた思い込みや、未来を心配する抵抗がなくなります。すると宇宙と同調し、すべての叡智にアクセスできる状態を作ることができます。

また、波動を整えるために無になると書きましたが、逆に波動を整えることで無になることもできます。

何度かお伝えしているように「安心、リラックス、ほっとする、好きなことをする、何かに夢中になる」これらを意識して行うと波動が整います。それと同時に、自然に「今」にいる状態になり、頭が空っぽの「無」の状態になれます。「瞑想よりもやりやすい」という人も多いので、これも試してみてください。

〈頭を空っぽにする方法〉

・瞑想…息を吸いながら「今今今」と今に意識を向ける。吐きながらも「今今今」と今に意識を向け続ける
・あるものに意識を向ける…目に飛び込んできたものに意識を向け、声に出す（1分も続けるとすっきりクリアーになってくる）
例：コップがある、パソコンがある、机がある、洋服がある、椅子がある、犬がいる、壁がある、冷蔵庫がある、ドアがある、車がある、人がいる……など
・安心、リラックス、ほっとする、好きなことをする、何かに夢中になる

④ブロックに気が付くと外れる

気づきは最大のクリアリングになります。自分の内面に意識を向け、抵抗していることや、もやもやの原因を深掘りしていくと、「こんな思い込みがあったな」「これがブロックになっていたんだ」という気づきが得られ、それだけで深い癒しが起こります。おかげで思い込みをクリアーにすることができます。

外に意識を向けているとブロックには気づけません。内面に意識を向けていきましょう。

〈ブロックに気が付くワーク〉

・「もやもやの原因はなんだろう？」と自分に聞いてみる
・「願望に抵抗している気持ちはどんな気持ちだろう？」と自分に聞いてみる

⑤ブロックを受け入れていくと外れていく

自分の枠を作っているのは自分自身です。その枠を外していくことは簡単です。それには自分のブロックを許し、受け入れていくことです。同時に他者のブロックも許し、受け入れてください。

受け入れられないことを受け入れれば受け入れるほど、自分はそのぶん拡大します。受け入れれば受け入れるほど、自分も他者も許せば許すほど、自分自身が楽になり、大きくなり、引き寄せの抵抗もなくなっていきます。

自分や他者を許せないということは、そこにエネルギーを明け渡している状態で、損をしています。どんどん許して、自分を楽にしていきましょう。

〈ブロックを受け入れるワーク〉

・この世は幻想で蜃気楼のようなもの。それなのに何かにこだわる自分自身を客観的に見てみる。そして「これも自分だな」と許し、受け入れていく

・どんな自分も、どんな人も、みんな人生を一生懸命生きている。「自分も他者もかけがえのない存在だ」と寛容な目で見ていく

⑥楽しい方に意識を向けると外れていく

ブロックや悩みに強く意識を向けるのも大切ですが、逆に、悩みがちな人は楽しいこと

や好きなこと、テンションが上がることに意識を向けて、それに没頭してみてください。そうすると、悩んでいたことなどを忘れて、まったく違う周波数エネルギーになることができます。

〈楽しい方に意識を向ける方法〉

- 今ときめく、やりたいことをやる
- 自分にご褒美をたくさんあげる
- ワクワクする気持ちに沿ってみる
- それでもネガティブな方に偏る人は、少しでも気分が上がる気分転換の方法を見つけていく

まとめ

頭や心がクリアーでないときは、マインドブロック（思い込み）がある状態、引き寄せを増やすためには、ブロックをクリアーにしていくこと。

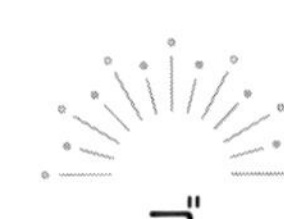

ブロックが強いときはどうすればいい？

一番外したいブロックほどなかなか外れないとか、ぶり返すと思い込んでいる人がいます。そんなことはありません。このことはよく誤解されているので、はっきり言わせてください。なぜなら、ブロックが強くて外れないと思い込むことこそ、ブロックを作ってしまうからです。

ブロックは意外と簡単にボロボロと外れていきます。私は実際にそのような人を何人も見てきました。「深刻に思えることも、単なる思い込みの力なんだな〜」といつも感心してしまいます。

ただし、その中でも、やっかいなものがあります。人がかかわることや、手に入れたいのに入らないという憤りの感情です。

こうしたネガティブな感情、怒り、嫉妬、イラつき、悲しみ、不安、心配……などは引っ張る力が強烈で、増幅する傾向があります。強い吸引力を発する物体のような感じで、意識がどんどん引き付けられてしまいます。そのため、終わったことでも当時の嫌な感情が湧き出てきて、何度も同じような感情に陥ってしまいます。

強い執着が生まれ、コントロール不能になりやすいのです。

今の気持ちが少しだけ上向きになる方へ意識を向ける

私もいまだにあります。最近の例では、家の隣の土地に家を建てたくて、その土地の購入に強い執着があったときのことです。

とにかくその土地を他の人に買われたくない。なんとかして手に入れたい。だから何度も願望を投げました。ですが売り手は渋っていて、なかなか土地を手放してくれません。どんどん値段を上げてきたり、他の人に売ろうとしたりと、こちらを振り回してきます。

私はイライラに飲み込まれて、波動が乱れまくりました。

このようなときに何が起きているかというと、自分の出している波動が不足の方に強く傾いています。まるでボールが急な坂道を転がっているような状況で、どんどん勢いが増していきます。ボールを止めよう、止めよう、としても止まりません。私自身もボールと一緒に転がりながらボールを止めようとするのですが、止まらないのです。

感情とエゴの声が大きくなり、コントロール不能になっています。


こういうときの対処方法は、ボールを追いかけるのをやめて立ち止まり、少しでも良い気分になることに意識を向けていくことです。

私もハタと気づいて、次のように意識を変えてみました。

・最善のときに土地が購入できるだろう
・このようなことに縁があるだけでもすごいこと
・すでに安全に住める家があることは幸せなこと
・見守ってくれる家族がいる。ありがたい
・昨日より今日の方がよくなっている。成長している
・最悪の状況になってない。よかった

どんなことを思っても構いません。とにかく、今の気持ちが少しだけ上向きになる方へ意識を向けます。これをすると坂道のボールのスピードを緩めることができます。

日頃から波動中心の生活で「波動・命！」と言わんばかりに波動を整えている私でさえ、このように土地の購入への執着が強くなってしまい、かえってそれがブロックになり、なかなか購入できない状態で1年近くたってしまいました。

それでやったのが、少しでも気分の上がることに意識を向けること。それで意識が上向いたら、より気分が良い方へ、気分が良い方へ、と階段を上るように、波動を通常の状態に戻していきました。

それでも抵抗が強いと感じるときは、ブロックの書き換えも行いました。

強いブロックがあるときの、願望を叶えるまでのステップ

強いブロックがある場合は、「最終的な意図」「波動を整える」「考えない」「執着からエ

ネルギーを切る」。これによってブロックの書き換えにつながります。

これも、引き寄せのステップや、波動中心の生活を心がける方法と、ほぼ同じです。

①最終的にどうなりたいか？　の願望を出す

ブロックが強いときは、どうしてもそのブロックにまつわることばかりを見ている状況になるので、気をそらす必要があります。

エネルギーを断ち切るために「最終的にどうなりたいのか」という方に意識を向けます。

②叶ったあとの感情を感じる

「最終的にどうなりたいのか」の願望が叶ったらどんな気持ちになるのか、叶ったあとの感情を感じます。

③そのことをなるべく考えないようにする

安心、リラックス、ほっとする、好きなことをする、無になる状態でいることを意図的に取り入れます。そうやって波動を整えながら、まったく違うことに意識を向けて過ごします。そうすると自分の望む方向へエネルギーが流れていきます。

④ネガティブな感情や執着が出てきたらブロックの書き換え（123ページ）で周波数を変える

それでも、強い力で引っ張られる感情が出てくるときは、そこにあまり浸りすぎないように、少しでも気分の良い方に意識を向けてエネルギーを断ち切り、変化させます。

このようにしていけば自分の思う方向へ必ず向かっていき、宇宙の最高の流れと同調していきます。その結果、自分の意図以上の最高な状態で現実化したものを体験し、受け取ることができます。

結局、私が欲しかった隣の土地は、あんなに渋っていた相手方がコロっと人が変わったようになり、わざわざ家に来て、笑顔で「土地を売りたい」と言ってくれました。手続きを進めていくと、思っていた以上にしっかりした土地で、契約関係もすごく条件の良いものでした。

まさに棚ぼたのように私の願望以上の結果となり、無事、円満に購入することができました。

そのあとに建物を建て始めたときも、近所の嫉妬などを受けて、また嫌な気分に飲み込まれそうになりました。けれど、ここで紹介したやり方で乗り越えて、この原稿を書いている現在、あと少しで家が完成しそうです。

まとめ

ブロックが強いときは坂道を転がるボールのようにエネルギーが偏っているので、宇宙の流れ、自分の望みと同調するために、少しでも気分の良い方に意識を向ける。

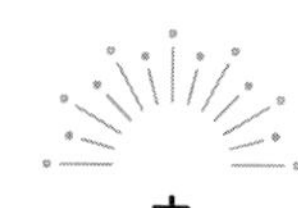

ネガティブな自分でも大丈夫？

自分が良い気分から願望の引き寄せをしているのか、嫌な気分から願望を引き寄せようとしているのか。それを知ることは引き寄せを加速するのにとても重要です。

また、嫌な気分やネガティブな感情が出ているときは、とても大事な転換の合図でもあります。

生きていると、良いことも悪いことも、いろいろなことがあります。その経験によってネガティブになることは必ずあります。そのようなネガティブな側面は誰でも持っています。

ネガティブ思考だからといって引き寄せができないということはまったくありません。

もともとネガティブ思考だからネガティブを引き寄せ続けると思ったり、心配性だから引き寄せが難しいなどと考える必要は一切ありません。

引き寄せの法則では、良い気分でいると抵抗なく現実化することができます。だから、現状よりも少しでも意識を転換して良い気分になれば、思うような引き寄せが可能になります。

大事なのは転換していくことです。今よりも０・１ミリだけ良い気分になる。

そう考えると、とても心が軽くなりますね。これだけで十分変化していける力が私たちには備わっているのです。

転換をしないとどうなるの？

意識を転換しないと、現状を維持するだけです。現状維持では消耗する方にエネルギーを注ぎ続けるようなもの。穴のあいたバケツに水を注ぐようなもので報われません。

また、意識を転換しないと体の中のエネルギーが滞り、生命力の流れが弱くなるので、体を壊すこともあります。

ネガティブな感情が出てきたらさっさと転換しましょう。今よりも少しでも気分が上がる方へ意識を向ける習慣をつけましょう。

例えば、誰かに何かを言われて落ち込み、ネガティブな意識になったとします。そういうときには、自分は悪くなかった理由を言いたくなったり、人のせいにしたり、何かを責めて自分を正当化したくなります。でも、言い訳をし続ける状態は、まさに現状維持です。意識の転換がないので気分の悪さが続き、また同じようなものを引き寄せてしまいます。

それよりも、その経験によって気づいたことの方に焦点を当てたりして、少しでも良い側面の方に意識を向けていきましょう。そうすることで気持ちが転換し、心が軽くなり、少し明るく、良い気分になってきます。

このような転換を意識的にしていくことで、思うような現実を引き寄せられるようになります。自分の感情がどのような状態なのか観察し、転換していきましょう。

ネガティブ感情を一気に転換させる方法

ネガティブな感情を一気に転換させる方法は「マインドで転換させる」「本当の望みを

出す」「感情を感じきる」この3つです。

①マインドで転換させる

感情は思考に強く影響されます。ネガティブな感情が出ているときはエゴの思考が肥大化し、暴走していることが多いのです。その暴走を止めたりスピードを緩めるのに、一度、今の状況を認めて、良い未来の方に意識を向けてみましょう。そうすると感情が変わってきます。

それには次のような言葉を自分にかけてあげるのが有効です。

あくまで目的は自分の感情が楽になることですので、寄り添うような言葉と極端な言葉の両方を試してみてください。

〈転換の言葉〉

- 宇宙はすべて真逆なので、ポジティブなことが宇宙で用意されている
- 今の感情は必ず転換するので絶対、大丈夫

・あなたはいつも正解で、間違えていない
・どんなあなたでも一番素敵。大好き
・すべてはうまくいっている
・昨日より今日の方がより成長している
・今の経験であなたは確実にステップアップしている
・自分にしかない才能は他の人には絶対にないもの　etc.……

また、言葉ではありませんが、次のように意識や思考を使ってみるのもいいですよ。

・未来に意識を向けてみる
・過去の一番大変だったときと比べてみる

②本当の望みを出す

ネガティブな感情が出てくるのはソース（源）と分離して調和していない考え方の癖を

持っているからです。その調和していない考えを私たちは排除しようとしがちですが、無理に排除しなくても大丈夫です。

ネガティブな感情が出てくるのは、そこに「望みがある」「自分の意志がある」というお知らせでもあります。おかげで本当の希望に気が付くことができます。

ネガティブな感情をいったん受け入れて、そこから本当の望みは何なのかを見ていきましょう。そうすると引き寄せを加速することができます。

〈本当の望みを出すワーク〉

① 今の感情を紙に書き出す

② その感情の元になった出来事や状況について、どうなればよかったのか、どうしてほしかったのかを書き出す

③ ❷の希望のように叶った感情を感じる

③感情を感じきる

ネガティブ思考が出てくるということは、そのような強い感情が出る何かしらの体験があるはずです。

その感情は思考によって暴走することがあるので、やっかいに思えるかもしれません。けれど、強い感情が出るときこそ、とにかく思いっきりその感情を「感じきること」でエネルギーの転換が起きます。

「ネガティブを感じきっていいのかな」と心配になるかもしれませんが、大丈夫です。その感情に気が付くことで大きな癒しが起こります。

ネガティブな感情を感じきることは苦しいですが、必ずふっと軽くなる地点があるので安心してください。しっかり感じきるほど二度とぶり返さなくなります。

この方法は「カタルシス効果」といいます。不安や不満、イライラや悲しみなど、ネガティブな感情を感じきったり、口に出すことで苦痛が緩和され、安心感を得られるやり方です。安心して試してみてください。

〈感情をしっかり感じきるワーク〉

①ネガティブな気持ちを紙に書き出す
②目を閉じて、その嫌な感情を感じる。じわじわとその感情を感じ続ける
③ふっと気持ちが変わるところまで感じ続ける（これが感情の解放と癒しになる）
④「もういいかな」というところでやめる
⑤改めて、今の気持ちを感じる

ネガティブ感情のような激しい感情をそのままにしたり押し込んでいると、かえって強い感情になってしまいます。必ずぶり返しがきて、なかなか面倒臭いものです。紹介したワークはかなり気持ちが楽になると思うので、ぜひやってみてください。

最初は抵抗になっていたもののせいで不快感を感じるでしょう。ですが、徐々に抵抗がなくなり、おとなしくなっていきます。ふっと抜けるところがあるので、そこまで内観してみてください。すると悩みだと思っていたことが嘘のように気にならなくなり、ぶり返

さなくなります。

ネガティブな感情が出たときは、「そこに本当の望みというお宝がある」ということなので、これも大事なプロセスだと思ってていねいに扱ってあげてくださいね。

嫌な気分やネガティブな感情が出ているときこそ転換の合図。
今よりも0・1ミリだけ良い気分に転換するだけで、思う現実を引き寄せられるようになる。

じつはブロックはお宝！

意識というのは、じつは簡単にできています。

けれど「今までいろいろ試したけど、ぶり返す」「私はトラウマがあるから難しいのかな」というような声をよく聞きます。

「そのせいで、いまいち引き寄せがうまくいかない」という人の気持ちは、私もよくわかります。

私も長らく願望が叶わなくて、目に見えない世界や宇宙、神様を疑ったことがあります。「もう無理なんじゃないか」という心境にまで至った経験もあります。

日本でパワースポットといわれる神社やお寺に行き、インドでもパワフルなお寺にもたくさん行って、お祈りを頑張りました。とにかく、できることは何でもやってみて、おみくじも引きまくりました（笑）。自分でできることはすべてやっていたのに叶わないので、もう他力本願しかないと思って祈りまくっていました。

結果は……なんと、願っていたことと反対のことが起きたり、問題がまったく解決されなかったり。願望なんて１個も叶いません。情けなくて涙も出ませんでした。

「こんなにしているのに何で？」「どんどん夢を叶えている人は何でなの？」そんな心境

で、わけのわからない迷宮に入ってしまい、そこから抜け出せない時期が10年近く続きました。本当に辛かったです。

そんな私に転機が訪れたのは、夫と3年間の別居中のことです。お金も仕事も人生も、何もかも行き詰まってしまい、八方ふさがりで途方に暮れていたときに、潜在意識のブロック解除に出会ったのです。

たまたまｆａｃｅｂｏｏｋで次々に変化している人を見つけたのがきっかけです。「そんなこと、あるのかなぁ」と疑いながらも、その人の変化の様子が目に見えてわかるので、その人がやっていた潜在意識の書き換えを習いに行ったのです。

「私だって変わりたかった」「やっぱり諦めたくない」という気持ちがあったのでしょう。よくわからないけれど、とにかく潜在意識のブロック解除をする技術を取得して、自分の苦しい気持ちを泣きながら書き換えていきました。

そしたらだんだん気が楽になり、根強いと思っていた思い込みや繰り返す不安な気持ちが湧かなくなってきました。1か月もしないうちに、あまりにも自然に悩まなくなって、抵抗がなくなっていったので、狐につままれているような不思議な感じでした。

このように根強いブロックや思い込み、トラウマも、書き換えによってものすごく楽になり、すっと進めるようになります。

ブロックや思い込み、トラウマも、要するに、そこに自分の波動が共振してしまっているだけなのです。自分の波動を変えることで絡み合って見える物事がスルスル解けていきます。

不快を感じたらスルーしてはいけない

じつはブロックというものはお宝です。それがあることで、いつもつながっているおおもとのソース（源）から分離したような感覚が出てきます。それで分離感や不快感を感じます。要は、おおもとのソース（源）からずれているということです。

ですが、大いなるソース（源）とは完全な分離をすることはできません。なぜなら、どんなことがあってもつながっているからです。不快に感じているときは地球独特の物質世界のものの見方をしているときで、それはだいたい間違っていることが多いのです。

ブロックによって湧き出てくる分離感や不快感は、物質世界の小さなものの見方を離れて、おおもとのソース（源）に立ち戻ろうというサインなのです。

だから、自分が不快を感じているものをスルーしてはいけません。

私たちの思考は、地球、そして宇宙の進化の最先端にいるといわれています。私たちが源と同調し、願望を放ち、受け取ることは、宇宙の拡大に貢献することにもなるのです。

根強いブロックを外すワーク

根強いブロックに対して、自分の力で何とかしようとせず、スピリチュアルワークを使うことで大きくエネルギーを変化させることができます。

例えば、このワーク。色と光を使って波動の周波数を変えていきましょう。

光の周波数は高いので、無理のない形でブロックの書き換えを行い、自分を高い周波数に整えることができます。

また、色の周波数を使うことで、自然に深い癒しに導かれます。

方法は簡単です。誰にでもできます。しかも、だいたい1秒ぐらいでブロックを書き換えることができます。

〈光と色を使ったブロックを外すワーク〉

ステップ1　引っかかっているブロックを決める

今、悩んでいることや引っかかっていることが何か、何に抵抗を感じるのか、**書き換えるブロックを明確に決めましょう。**

紙に10個ぐらい箇条書きして一つ一つブロックを外していくとやりやすいです。一度のワークで10個まとめてブロックを外すこともできます。

例：願望が叶うはずない、自分にできるはずがない、自信がない、自分のことが許せない、人の目が気になる、あの人を思うとむかむかする　etc.……

ステップ2 **そのブロックの光の色を思い浮かべる**

ステップ1で決めたブロックに対して、その「光」を思い浮かべます。そのブロックのことを考えると、なんとなく浮かぶ光の色。それを見ていきます。何色が浮かんできてもOKです。

何色の光で、どのくらいの大きさがありますか？

ステップ3 **新しい光の色を見る**

次に、新しい光の色を見ます。

「何か、新しい光がないかな〜」と思っていると、新たな光の色が思い浮かびませんか？

それは何色で、どんな光ですか？

それを見ていると、どんな気持ちになりますか？

ステップ4 **見ながら体全体でその光を感じる。浴びる**

ステップ3で光を見た気持ちを、体全体まで広げてみてください。その光を全身に浴びるイメージです。光を浴びれば浴びるほど、気持ちが変わってくるでしょう。

ステップ5　これで書き換え終了です

改めて自分の気持ちを見てみると、最初の気持ちよりも少し軽くなっていると思います。「少し」で大丈夫ですよ。

これでブロックは書き換わりました！

ステップ2で思い浮かべた色と、ステップ3で見る色の違い。これだけで波動と周波数を変えることができます。

光が何色でも、どんな光り方をしていても正解です。見えたものに対して「私が出した」とか「こんなもので書き換わるはずない」と思う気持ちが出てきたら、それもすかさず書き換えてみてくださいね。どんなことでもたくさん書き換えることで、どんどん自分が変化していきます。

このワークをやればやるほど抵抗がなくなって、気持ちが軽やかになっていきます。

「10個ぐらい書く」と紹介しましたが、何個でも大丈夫です。

また、同じブロックに対して、何度でもやってみてください。

たくさん書き換えると、たまに眠くなったりする好転反応が出ることがありますが、数日でおさまります。書き換えをやめずに、続けていきましょう。

最初の頃は、1つのブロックを書き換えると、芋づる式に他のブロックがどんどん出てきて、とまどうかもしれません。その都度、書き換えていくと、根本的な原因がなくなったり、根深いものも自然になくなっていきます。

やがて、書き換えたいブロック自体が絞られてくるので、安心してください。

まとめ

ブロックによって湧き出てくる分離感や不快感は、おおもとのソース（源）に立ち戻ろうというサイン。

不快を感じているものをスルーせず、ブロックを外していくこと。

自分の本心（本当の願い）をわかっていますか？

繰り返しお伝えしたいのですが、引き寄せの法則はとてもシンプル。願いの現実化は楽々できます。内側で欲しているものは良いものも悪いものも現実になります。それは紛れもない事実なので、自分の本心に沿っていけば人生はとても楽で、幸せになります。

ただ、自分の本心というものが、意外と別のところにあったりします。「思い込み」を「本心」だと勘違いしているケースも多いのです。

例えば、こんなふうに。

〈他者からの評価は完璧なAさん〉

Aさんはとても優秀で美しい女性です。ただ「自分のことがよくわからないことが悩みです」と言っていました。周りからの評価は素晴らしくて、それについては本人も「嬉しい」と口にはするものの、じつのところほめられても実感がないようでした。

Aさんのパターンには「頼まれたら完璧にこなす」とか「人の役に立ちたい」という正義感めいたものがあるようでした。これは立派なことですが、自分の大切な時間を他者のために使ったり、頼まれると断れなくて多くの時間を割いてしまうということです。

これをやり続ける限り、心からの満足を得ることはできなくなります。なぜなら、本当の願いを見る余裕がないまま、自分の本心がよくわからず、流れに任せすぎているからです。

あるときAさんは「頼まれたら完璧にこなさなければならない」「人の役に立たなければならない」というのは、母親からいつも言われていたもので、それが思い込みになっていたと気が付きました。自分の本心は「無理したくない」であることもわかりました。

これに気づくことができたのは体調を崩したことがきっかけでした。

以後、自分の気持ちに正直に行動するようにして、現在はゆるゆるで楽になったということです。

Aさんの思い込み＝「頼まれたら完璧にこなす」「人の役に立ちたい」

Aさんの本心＝「無理したくない」「やりたくない」

〈正義感できつそうなBさん〉

Bさんは活発で明るい女性です。彼女の口癖は「世界が平和になってほしい」です。そのために何ができるかをいつも考えています。

ちょうど発展途上の国と縁ができて、Bさんはその国に住むようになりました。するとBさんは、さらに「私が何かしなくては」「貧しい人を助けなければ」と言うようになりました。

しかし、何も形にならずに、そもそも具体的に何がしたいというものもないようで、とにかく「何かしなくては」とばかり思っていたようです。

そのような状況が長く続くとBさんの人生はどんどん厳しくなり、次第に笑顔が消えてしまいました。そのときになってBさんはようやく「私は別にそのような活動をやりたいわけではないことに気が付いた」とのことでした。Bさんの本当の望みは、ただみんなが平等に、笑顔でいられる人が増えることだったと気が付いたそうです。その一人に自分が加わっていなければ本末転倒です。

今はBさん自身が好きだった歌を歌ったり、言葉を教えたりしながら、自分が好きなことで多くの人が笑顔になっているそうです。何よりも、Bさん自身がとても楽しそうです。

Bさんの思い込み＝「世界が平和になってほしい」「私が何かしなくては」
Bさんの本心＝「笑顔の人が増えてほしい」「私もその一人でいたい」

〈家業をついだC君〉

C君は人当たりが優しく、芯がしっかりした男性です。C君が生まれた家は代々続く飲食店で、C君も当たり前のように家業を継ぐつもりで、学校卒業後、家で仕事をしていました。

ところが途中から違和感が出てきて、それが止められなくなってしまったようです。かなり葛藤があったとのことでした。C君は親の大変な姿を見ているので、自分や自分の将来の家族にそのような体験をしてほしくないと思っていました。また、C君の希望は時間が拘束される仕事よりも、自由に仕事ができるスタイルだということにだんだん気づいてきたのです。

違和感が出てきてから数年後に、C君は家業を継ぐのをやめました。今はフリーランスで仕事をして、好きなところにいつも遊びに行ったりして、とても幸せそうです。

生まれ育った家や家族のことだからといって、自分の本心や心の声を無視していると必ずひずみが生まれます。早めに決断したC君は、本当に良かったなと思います。

C君の思い込み＝「家業を継ぐ」「仕事とは時間が拘束されるもの」
C君の本心＝「親の生き方は自分向きじゃない」「自由に仕事をしたい」

なぜ本当の願いが重要なのか？

あなたはどうでしょう。「当然」と思っていることが、自分の本心と違っていたりしませんか？「私の願い」と思っていることが、じつは本当の願いではなかったりしませんか？

宇宙は一定方向の良い流れに沿っています。その一定方向というのはソース（源）の最高波動で、無上の幸福の流れです。その流れは大河のうねりのように止まりません。あらゆる流れに比べて、この最高波動の流れの方が強いのです。

私たちが「良い気分でいるとき」「心地よさを感じているとき」「無になっているとき」はこの無上の幸福の流れに乗ることができます。波に乗って、楽々とすべてのことが良くなってしまいます。そのためにも「自分の心に沿って生きているか」ということが非常に重要です。

宇宙の流れとずれているかどうかは、自分の感情を見ればすぐにわかります。

良い気分＝宇宙の流れと同調している
悪い気分＝宇宙の流れからずれている

それだけです。「悪い気分でいるとき」は、無上の幸福の流れとひたすら逆走しています。「本心を生きていないとき」はそうなってしまいます。

けれど、ありがたいことに、私たち自身で抵抗をなくしていく、悪い気分から少しでも良い気分にしていくことで、良い流れに乗ることができます。「良い気分でいる」「心地よさを感じる」「無になる」これで、宇宙の良い流れに乗れてしまうのですから、なんて簡単！

そのためにも、自分の本心に目を向けましょう。本心を生きるようにしましょう。

「本心か思い込みなのかよくわからない」「本心を生きているつもりだけれど……違うのかな」という人は、先に142ページの「本心を生きているかチェック」をやってみてください。

自分が関心を向けているものは、自分と同じ波動エネルギーを放っています。そこに意識を向け続ければ、あなたも同じ波動を発するようになります。

それが、自分が本心から発したものでないとしたらどうでしょう？　本当の願いからずれたものを引き寄せてしまいます。

逆に、本当の願いにフォーカスすれば、次々に良いことが舞い込むようになります。

そのためにも、自分の本心を知って、良い波動体質を身に付けましょう。

心から信じて強い芯になっていること、つまり信念というものは、多くの人が繰り返し放った波動になります。

あることに焦点を当ててそのことを考えていれば、その対象に近づいたときに、その対象と同じ波動の状態に簡単に移れます。信念の波動が対象の波動と十分に同じ状態になっている、ということです。

意識や関心を向ければ、それはあなたの人生に反映される材料になります。誰でもそのようになっています。例外はありません。

まとめ

「当然」と思っていることが、自分の本心と違っていたりしないか？「私の願い」と思っていることが、じつは本当の願いではなかったりしないか？

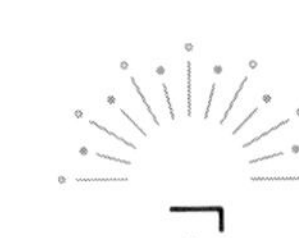

「本心を生きる」とはどういうこと？

どうすれば本心を生きることができるのでしょうか。順を追って考えていきましょう。

本心を生きる、本音を生きるというのは、シンプルに「魂を生きる」ということです。

抽象的で難しそうに思えるかもしれませんが、具体的には、自分の言葉を話し、自分のやりたいことをやって、やりたくないことをしない、ということです。簡単ですね。

本心を生きると、単純にめちゃくちゃ楽しくて、楽で、ハッピーです。いつもワクワクの中にいられるようになります。

改めて考えてみると、自分の言葉を話せない、自分のやりたいことをやれない、やりたくないことをしなければならない世の中って変です。

「うーん、でもそうしないわけにいかないから」と思ってしまうかもしれませんね。環境や状況などいろいろあると思います。けれど、それらはたいてい本心を生きれば解決されることです。本心からずれて生きているために、環境や状況をわざわざ複雑にしているのです。

なぜ私たちが本心を生きられないかというと、「本心を生きていない人が多いから」です。これまでの世の中は「本心を生きてない」方が主流だったのです。

本心を生きていない人が作ったルールで、本心を生きていない人に評価されて、本心を生きていない人に合わせることが当たり前だと思い込んでいました。

そう、これも「思い込み」の一つです。

そんな世の中が楽しいわけはないですよね。そもそも、うまくいきません。なぜなら宇宙の流れに沿っていないからです。実際、うまくいっていない人が多いのは、そういうわけです。

本心を生きる。本当の意味で自分の人生を生きる。それはどんな状態なのでしょう。

それは、腹が決まっている状態、嘘のない本音の状態ということです。**ありのままの、**

そのままの自分でいられるということ。自分で決めて、自分の心のままに生きるということです。

その状態になると、目の前の小さな幸せに気が付くようになります。だって、考えてみてください。例えば「これが大好き！　これを食べたい！」というものを食べると、とても幸せですよね。反対に「栄養のために食べなさい」と言われて嫌々食べても心は満たされません。このように、人生のあらゆることが本心に沿ったものになれば、それだけ幸せをたくさん感じます。

おかげで、自分にも、人にも、いろいろなものにも、感謝できます。自己肯定感も上がり、自分の良い部分も悪い部分もすべて合わせたパーソナリティーを受け入れて人生を生きる状態になります。

子どもは本心を生きるお手本

子どもや動物は本心・本能を生きています。心や本能のままにやりたいことをやって、やりたくないことはやりません。

子どもは本音を話します。無理にやらせようとすると、泣いて、抵抗します。これは単なるわがままなのかというと、私はそうは思いません。子どもも動物も、必要以上に他者や他の動物を傷つけたりはしません。本心・本能を生きることとわがままの線引きは、ここにあると思っています。

大人の私たちも、これからは「本心を生きることができているか」と、常に自問自答していきましょう。

軌道修正は早ければ早いほど好ましいです。かといって「もう○年もこうだったから無理かな」とか「もう○歳だから遅いかも」と思う必要はありません。それは問題にはなりません。気づいたそのときが、その人の軌道修正のタイミングだというだけです。

どんなふうに生きるのか。人生でどんな目的やテーマを表現していくのか。自分の人生はすべて私たち一人一人に委ねられています。

本心を生きなければ必ず大きな壁にぶつかり、軌道修正を余儀なくされます。それは宇宙の流れとは反対の方向に逆走しているからです。

本心を生きるタイミングになるまでに私が経験したのは、夫との別居でした。

もともと私は本心や本音を生きられていた方でしたが、結婚してから「良い奥さんにならなければ」と夫に合わせてしまっていました。自分のことは二の次にして、夫中心の生活にしていました。

日本にいるのにインド人の夫に合わせてカレーを作り、カレーばかり食べていました。私はカレーやスパイスの食べ過ぎで胃がキリキリしてしまい、体調を崩したこともありました。

また、夫の夢だった「日本でインドカレー屋さんを開く」というのを私自身の夢だと思い、「なんとかレストランを開きたい」と四苦八苦していました。

このように、結婚してからの私は夫にすべて合わせて、夢や目標も定めていました。夫は寛容な人なので「こうしなさい！」ということはまったくありません。私が勝手に妻の理想像を生きていたような感じです。そうやって合わせることが当たり前だと思っていました。

そのおかげもあったのか二人の関係は良い感じで結婚生活も楽しかったのですが、一向に夢は叶わないし、お金もたまりません。

さらに、その頃子どもが2人生まれ、夫だけではなく子どもも中心の生活になり、自分の本心なんて考える余裕もないほど忙しく、とにかく家族に合わせていました。そうすることが良いことだと思っていたからです。

本当に良い家族で幸せでしたが、夢や目標が叶わないどころか、お金も生活もどんどん苦しくなり、最終的にはインドと日本で別居という流れになってしまいました。

私自身、いかに宇宙の流れに沿っていなかったか、今ならわかります。

私はこの別居によって強引に、自分の心を生きる方向へ、自分のペースで生きる方向へ、向かわざるを得なくなりました。このときが私の方向転換のタイミングだったのでしょう。

このように、自分の心を生きていないと強烈な方向転換が来ることもあります。私は別居という形でしたが、希望しない転職、引越し、病気、離婚……など、大きな変化が訪れます。

繰り返しになりますが、宇宙の流れは良い方向、楽々と進む方向への流れです。そうなっていないなら本心を生きていないということで、宇宙と逆走して、わざわざうまくいかない方向に向かって生きているのです。

頭で考えた理想や夢は、本当は心では望んでいないことが多いものです。頭で考えるのではなく自分の感覚や意識に目を向けて、どう感じているかをていねいに見てください。

「違和感がないか？」と常に意識して、違和感があったら心地よい方向に向かうためにどうしたらよいかを考えるようにしましょう。そうすれば本心の状態、つまり宇宙と同調するソース（源）に向けて方向転換することがうまくなっていきます。

例えば、友人関係でぎくしゃくしたとき、「不信感」を感じたとします。そこで自分の心が穏やかになるためにはどうしたらよいかを考えます。「この人と一緒にいるのは限界だな」と思ったら、それが本心の状態です。それに従って行動してみてください。

これは日々繰り返し訓練するしかありません。これから軌道修正していけば自分の人生を思うように操れるようになり、現実創造がものすごく楽に、楽しくなってきます。

〈本心を生きているかチェック〉

ＹＥＳかＮＯに○をつけてください。「どう答えたらいいかな」と迷うものはＮＯに含めてください。ＹＥＳ１つを１点として採点します。

毎日楽しいですか	ＹＥＳ	ＮＯ
自分の気持ちに正直になっていますか	ＹＥＳ	ＮＯ
他人は他人と思っていますか	ＹＥＳ	ＮＯ
ありのままの自分でいられていますか	ＹＥＳ	ＮＯ
自分で決断ができますか	ＹＥＳ	ＮＯ
いろいろなものに感謝が出てきますか	ＹＥＳ	ＮＯ
周りの人たちは幸せそうですか	ＹＥＳ	ＮＯ
心の中がすっきりしていますか	ＹＥＳ	ＮＯ
雑念は少ないですか	ＹＥＳ	ＮＯ
迷いが少ないですか	ＹＥＳ	ＮＯ

決断が早いですか　YES　NO
今、生きるのが楽ですか　YES　NO
周りの人と本音で話せていますか　YES　NO
自分の意見をはっきり言いますか　YES　NO
好きなことに没頭できていますか　YES　NO
楽しい情報や人が集まっていますか　YES　NO
情報や人の意見を鵜呑みにせず、自分なりに落とし込んでいますか　YES　NO
良いことのシンクロが多いですか　YES　NO
自分の欠点を受け入れていますか　YES　NO
自分のすべてを受け入れていますか　YES　NO
今、納得した生き方をしていますか　YES　NO
楽観的ですか　YES　NO
生まれてきてよかったと思っていますか　YES　NO

0点

かなり本心から外れて生きています。他者の目を気にしてうまくいかないことが多く、苦しい状況なのではないでしょうか。この機会に今一度、多くのことを見直してみてください。

1〜4点

もやもやすることや疲れることが多いのではないでしょうか。自分の心を生きると楽になるので、本心を生きること、自分の本音に耳を傾けることを意識してみてください。

5〜9点

比較的本心を生きられています。ただし、まだ世間の目など、引っかかっていることがあるようです。手放して、楽に生きてみてください。

10〜14点

かなり本心を生きられています。願望も叶いやすいので、意図的に願望を投げ、さらに自由に楽しんでください。

15点以上

かなり自分の本心に沿って、楽々と生きられているのではないですか。ほぼ宇宙の流れに到達しています。その調子でご自身のやりたいことをどんどんやってみてください。

まとめ

ありのままのそのままの自分でいられる状態こそ自分の心を生きている状態。子どもや動物をお手本に自分で決めて自分の心のままに生きる方向へ変えていこう。

"ウキッ" とするときめきを見つける

あなたの人生はあなたのもので、誰のものでもありません。あなただけの大切なものです。

その大切な人生を「誰かに言われた人生」や「レールに乗った人生」にしてしまうのはもったいない！　人生はあなたの自由なのですから、思うように生きていいのです。

ただし、「自分は何が好きなのかわからない」「自分のやりたいことがわからない」「自分のことがわからない」という人が結構います。

「好きなことをする」とか「ワクワクすることをする」といっても、本人が「何が好きなのか」「何に心が反応するのか」がわかっていない状況で進む道をいろいろ探したり、誰かにアドバイスを求めたとしても、同じ場所をぐるぐるしてしまうだけだと思います。

そういう人は、まず、日常の小さなことから、すべてを自分の感覚でていねいに選択する。ここから始めてみてください。いつものルーティーンや日常の中で、今の自分にとって旬だと感じること、ときめくことを選択するようにします。私たちは意外と何も考えずに「これでいいや」と妥協していることが多いので。

朝ごはんから「今、本当に食べたいのは何？」と、ときめく気持ちを見つけていきます。出かけるときも「どんな色を身に着けたい？」「どんな組み合わせにすると、ウキッとする？」と、自分の気持ちを見ていきます。

コーヒーを飲むときも、濃いものがいいのか、薄い味がいいのか、ミルクをたくさん入れるのか、少なくするのか、砂糖の量は……と、その都度、しっくりくる感覚を自分で探ってみましょう。

ポイントは〝ウキッ〟とするときめきです。わかりづらければ、〝フッ〟と落ち着く感じでもいいです。じつは、どちらも同じことです。

誰かに何かを言うときにも、自分の言葉で、自分が話しやすいように、自分自身が気持ちの良い状態になるように、ゆったりと話してみましょう。

こうしたことを、あらゆるところでやっていきます。自分のやりたいようにやり、選択したいように選択していくのです。

自分のご機嫌を取れるのは自分だけ

自分の小さな願望や好みを知り、それを日々増やしていくと、だんだん自分のことがよくわかってきます。自分のことがわかってくると、やりたいことをどんどんやるようになり、やりたくないことをやらなくなります。

何に対してワクワクするのか、ときめくのか、興味があるのか、自分自身で強烈にわかるようになっていきます。

これが「心を生きる」ということであり、自分軸や、自分のワクワクを生きることにつながってきます。

「自分は何が好きなのかわからない」という人はぜひ、このようにときめきを見つけていってくださいね。

誰もが心の底からワクワクすること、好きなことをやることで、この世界はさらに調和し、良い場所になっていきます。それはもう〝大調和〟と言える状態です。

誰かがやるのではありません。自分のご機嫌を取れるのは自分しかいません。

自分の心の声やワクワクは人生の羅針盤で、進む道です。自分の感覚がわかるように日々訓練をしてみてくださいね。

まとめ

いつものルーティーンや日常の中で、今の旬やときめくことを選択するようにしていこう。

第3章

愛もお金もすべての豊かさは無限大

宇宙は豊かさで満ちている

すべての生命の望みを叶えても有り余るエネルギーが宇宙には広がっている、とお伝えしましたが、「それでも人がどんどん増えて、それぞれがたくさん望みを叶えようとしたら、いつか宇宙のエネルギーがなくなってしまうのでは？」と心配する人がいます。

大丈夫です。**宇宙は常に豊かさで満ち溢れ、無限に拡大し続けています。**

その豊かさの中で、この全宇宙や銀河、様々な星々は創造され続けているのです。

宇宙に広がるエネルギー量は、私たちの計り知れないほどです。しかも、そのうちのほんの数%しか使われていないようなのです。

最新の宇宙研究によると、宇宙の約95%は未知なるもので占められているということです。地球を含め、全宇宙の5%しか解明されてないということは、どれだけ未知で無限の豊さが広がっていることでしょう。

解明されている5％だけでもエネルギーが有り余っているというのに、まだ95％もあるなんて。なんだか嬉しくて泣けてきますね。

宇宙が銀河や星々を創造し続けるエネルギーと、私たちの望みを叶えるエネルギーは同じです。

だからどんどん望んでいいのです。望んでも、望んでも、有り余る豊かさが宇宙には広がっているので安心してください。

誰かに「先を越された」と焦る必要もなければ、引き寄せのエネルギーを独り占めしたり、とっておきの願いのために出し惜しみする必要もありません。

地球という星では「所有」という意識が強く働きがちです。所有しないとなくなってしまう、手に入れておかないと失われてしまう、と捉えるのが多数派です。

それもあって、お金のため、仕事のため、家族のために頑張って働き、長い間労力を使ってもがき苦しんで、苦労して、大変な労力という十分な対価を払うことで、幸せやお金、経済的な豊かさ、成功がある。そのようにしてやっと報われる。そういう誤った観念や考え方が刷り込まれているのでしょう。

私自身がそうでした。それが当たり前だと思って人生を歩んできましたが、それは間違いでした。そのように思っていたので、そのような体験をしていただけのことでした。

豊かさというものは、何かの代償として手に入れるものではありません。今ここ、この瞬間に、すでにあるものです。

あるにもかかわらず、それが無いのだという先入観を植え付けられていた。これが、かつての私です。

もしかしたら、あなたも同じ刷り込みに目が曇っていないでしょうか？「豊かさとは、ないもの」「豊かさとは、あるものではない」そんな思い込みを植え付けられていませんか？

今、この現状には、豊かさがないと思っていませんか？　だから頑張って働いて、これからもずっと長い間もがき苦しんで、手に入れなければならないと信じ込んでいませんか？

その思い込みさえ取り払うことができれば、自動的に豊かさが流れてきます。

「今ここにあるもの」に意識を向ける

この章では特に、豊かさの引き寄せに焦点を当ててみます。ここでいう豊かさとは宇宙の豊かさのことで、何でも叶う世界のことです。

まずは、大前提のおさらいです。

今、感じている感情について、気分が良ければＯＫ。嫌な気分なら違う方向に気持ちを向ける必要がある。そのためにも、自分が良い気分でいるのか、嫌な気分でいるのか、自分の感じ方に意図的に気づいて敏感になっていく。これが大事なのでしたね。

今の気分に気づけなければ、自分がどんな感情でいるのかわかりません。そして、豊かさに大きく関係する気分に、「不足」があります。

不足のある状態は不足の連鎖を起こします。遠くにあるものを見て「もしこれがあったら」とか「いつかそうなったら」などと思っていても、その「いつか」はなかなか来ません。

43ページで条件付きの望みに注意しようという話をしましたが、そもそも「これを手に入れたら幸せになる」といった意識は執着を生みます。

執着と本当の願いは違います。執着からの願いは不足の気分になりやすく、宇宙には不足の波動が届くばかりで、願いの波動が届きづらくなります。

もし「自分は執着している」というパターンに気づいたら、早めに気分を切り替えることをおすすめします。

遠くにあるものも近くにあるものも感じる感情は一緒です。

波動が良ければ現実が思うように動いて引き寄せがうまくいくので、今ここにあるもので波動を整えるように訓練していくと楽だという話もしました。波動を整える方法は、安心する、リラックスする、ほっとする、好きなことをする、無になる、何かに夢中になるなどです。

今ここにあるものに意識を向けていくと、「もしこれがあったら」と遠くの未来で感じ

ようとしていた感情と同じ感情が出るので、不足や執着にならず、引き寄せがうまくいく波動に整えることができます。

今ここにあるものの例としては、

自分が生きていること、暖かい部屋、ふかふかのソファー、ていねいな店員さん、バッグを置く荷物置き、一生懸命働いている人、いつも応援してくれる家族（一人一人思い浮かべる）、応援してくれる視聴の方々、すぐつながるネット環境……。

このように、今ここにあるもの、思い浮かべられる人や物なら、何でもいいのです。とにかく今ここにあるものに意識を向けると「こんなに自分はいろいろな人や物に支えられて生きている」ということがわかり、また「自分はこんなによく頑張っている」という気持ちになって、自分のことがいとおしくなってきます。これこそが豊かさの波動です。

遠い未来で叶ったときのことを思い浮かべて波動を整えるのも、近くのもので波動を整えるのも、まったく同じ波動が出ます。ただし、「引き寄せがうまくいかない」という人は遠い未来で叶ったときのことを思い浮かべるときに、不足や執着を同時に感じていたりします。私もそうだったので、確かにこれはコツがわかるまで難しいかもしれません。

だとしたら、近くのもので豊かな波動を感じていればいいのです。そうすれば勝手に豊かな波動になってしまいます。

「自分にはなんにもない」「豊かさとは縁遠い」と思える人も、先に挙げた例のように探していけば、何かしら持っていることに気づけますよね。「今読んでいるこの本がある」だっていいのです。

「今ここ」はものすごくパワフルです。すべての力を使うことができるのが「今ここにいること・あること」です。瞑想やマインドフルネスももちろん効果がありますが、「なかなかマスターするのが難しい」という人は、ぜひ、「今ここ」にある具体的なものを数えてみてください。これなら簡単ですよね。

まとめ

豊かさは何かの代償として手に入れるものではなく、「今ここ」「この瞬間」にすでにあるもの。

「今ここ」にあるものに意識を向けていこう。

感謝する（エイブラハムの感情の最上位）

今ここにあるものに意識を向けることで満足でき、満たされて、波動が整ってきます。

さらに、それに「感謝」をすることで、ものすごい至福の波動を感じられます。素晴らしい気持ちになり、自分からもその波動が溢れます。その良い波動は、ずっと持続します。

私たちが意識的に感謝をし、その感謝の本質を理解して使っていくことで、簡単に宇宙の恩恵を受けることができます。

感謝は私たちが考えている以上に最高の波動を放ちます。38ページで「最高波動である愛と感謝」という言葉を使いましたが、**感謝はこの地球上で最も高い波動です。**

感謝しているときは思考や感情の抵抗がなくなるので、愛と喜びそのものになります。自分自身が愛と喜びだけの最高の波動となることができるのです。

感謝する行為自体がソースエネルギーと同調します。自分にも、感謝する相手である他者にも、源のソースエネルギーを振りまいていることになります。

感謝する対象に意識を向けているとき、私たちの思考や考え方は神や大いなるものと同調し、魂の本当の自分自身により近くなります。

魂の本当の自分自身とは神であり、創造主の本音・本心です。よりクリアーなあなた自身です。そこに近づくほど、軽くさわやかになっていきます。

そうした中との同調だけではありません。現実世界でも感謝のエネルギー同士は引き寄せ合います。自分も感謝して素晴らしい気持ちになり、同時に周りからも感謝されたりして、良いことだらけなのです。

宇宙意識のエイブラハムが感情をグラフで表しているものがあります。その中でも感謝は最上の位置にあります。

感謝、そして愛、自分を愛することは人間が波動をソース（源）と同調するために放つことのできる最高の波動です。内面がより満たされ、さらに成長を促してくれる波動で、とても重要なものです。

〈感謝に気が付くワーク〉

身の周りにある感謝できるものを思い浮かべるか、書き出してみましょう。「今ここにあるもの」の例で紹介したように（157ページ）、思い浮かぶ人や物なら何でも構いません。「自分はこんなにいろいろな人や物に支えられて生きているんだ」という気持ちになったら「ありがとう」と書き添えるか、言葉に出して言ってみましょう。

そうすると、どんな気持ちになりますか？　その気持ちが最高の波動を放っています。

自分にあるもの
例：元気な体、のんびりできる日常の時間　など

お世話になっている人
例：お父さん、お母さん、きょうだい、親友、会社の同僚　など

社会のために動いてくれている人
例：医療従事者の方々、コンビニで深夜働いてくれている人、社会を良くしようと活動している善良な政治家　など

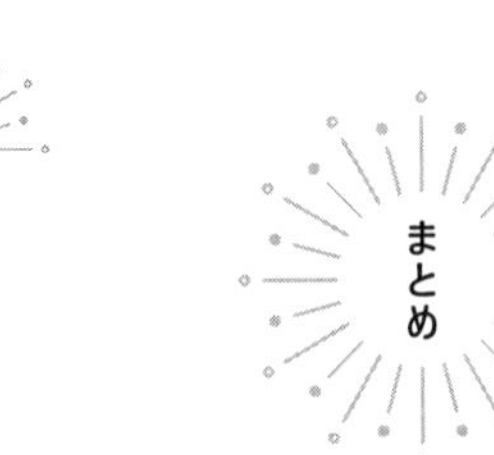

感謝はこの地球上で最上位の波動。
感謝しているときは思考や感情の抵抗がなくなって、自分自身が愛と喜びだけの最高の波動となることができる。

豊かさが豊かさを呼ぶ＝無限のスパイラル

引き寄せの最高の理想は、無限に願望が叶い続ける境地ではないでしょうか。そのような状態なら「こうしたいな～」「ああしたいな～」「これ欲しいな～」「こうなりたいな～」と自分が思ったことが軽々と叶っていくでしょう。叶うことが当たり前の世界で、無限のスパイラルの渦の中にいるようなものです。

どうしたら、そうなれるでしょうか。

それは、宇宙の豊かさの波動の中にいることです。そうすれば、どんどん実現できるようになります。反対に、貧しさの波動の中にいたら貧しさしか実現せず、負のスパイラルになってしまいます。

引き寄せの法則には例外はなく、一寸の狂いもなく、ただ同じものが強烈な磁石のように引き合います。貧しさや苦しさの波動の中にいて、豊かさが来ることはあり得ません。なんとも単純で、シビアです。

常に豊かさを意識してみてください。 豊かな人、豊かな場所、豊かな食事、豊かな生活、心の豊かさ、豊かな気持ち、お金の豊かさなど。そんな状況を想像すると気持ちがゆったりと満たされてきますよね。

そこを意識して取り入れていけば、自然に豊かさのスパイラルに入り、いつも豊かさの中にいられるようになります。そうすれば現実に豊かなものを軽々と引き寄せられるようになります。

〈豊かさを感じるワーク〉

次の言葉をフックにして、連想する豊かさを書き出してみましょう。

・豊かな人とは
例：楽天的でいつも幸せを感じている人

・豊かな場所とは
例：自然がいっぱいで太陽の光がさんさんと降り注ぐ場所

・豊かな食事とは
例：おいしくて体にやさしくて安心安全な食事、家族で食べる食事

・豊かな生活とは
例：時間がたくさんあって、みんなが幸せそうな生活

・心の豊かさとは

例：いつも満たされていて、自然に笑顔が出る自分自身

・豊かな気持ちとは

例：満たされていて感謝が自然に溢れ出す気持ち

・お金の豊かさとは

例：好きなものを好きな時に好きなだけ買える状況、お金について何も考えなくていいこと

いつもこのような豊かなことを考えて豊かさのループを作ってみてください。

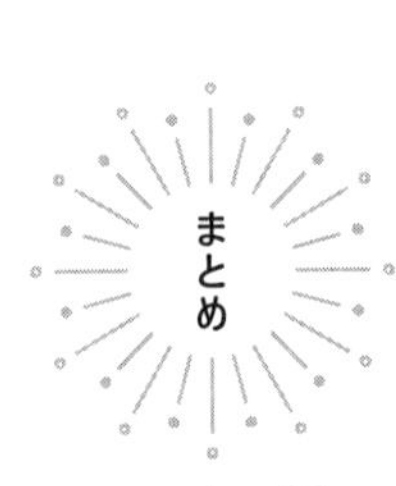

常に豊かさを意識する。
意識して取り入れていけば、自然に豊かさのスパイラルに入り、
いつも豊かさの中にいられるようになる。

動物も植物も自然体で楽しくいる

引き寄せの法則でとびきりうまくいっている人を見ると「自分とは違う」「あの人だからできるのでは」と、つい自分と比べてしまうことも多いと思います。特にうまくいっている人はキラキラして、派手な感じがするので、余計にそのように感じるのかもしれません。

でも、いつもキラキラしていたり派手にしているのは、無理して、大変そうで、疲れそうですよね。私なんて、見ているこちらが疲れてきます（笑）。

「うまく引き寄せたい」という気持ちがあっても、「無理」「大変」「疲れる」のが嫌なら、「自分もそうふるまわないと！」と肩に力を入れる必要なんてないんです。

人と比べる必要はありません。すべての人の中に、この宇宙を作った創造のエネルギーがあり、今この瞬間もあなたの中を流れ続けています。

私たちはもともとソース（源）そのもので、すべてのものを引き寄せることができる能力も波動も備わって生まれてきています。豊かさや幸せは外側に探すものではないのです。探すよりも、力を抜いていく方が真理に近づいていきます。

動物も植物もただそこに存在して、力なんて入っていませんよね。かなり脱力しています。人間だけ力が入っています。人と比べるくらいなら動物や植物をお手本にして脱力していきましょう。

「引き寄せたい！　引き寄せたい！」と強く思いすぎたり、「何で引き寄せられないの？」と執着しまくっているときこそ、引き寄せはうまくいかないことはお伝えしてきました。力の抜けたニュートラルで自然な状態の方が引き寄せはうまくいくものだからです。「もう、いいか」と諦めたときに叶い始めてきたりするものです。

ブロックや思い込みがなくなることでも、力が抜けて脱力してくるということは、第2章でもお話しさせてもらいました。

また、霊視やチャネリングのようなスピリチュアル能力もそうなのですが、「能力が欲しい」と力が入っているときは「ない」に意識が向いているので空回りして能力が出てきません。「これも！」「あれも！」と必死になるより、「あってもなくてもどっちでもいいや～」くらいの感覚で諦める。手放す。そうやってニュートラルになると能力が出てきます。

もともと能力はすべての人に備わっています。探し回るのではなく、止まることで見つかります。「ああ、これか」と理解するものなのです。

究極の引き寄せとは、自然体で、勝手に流れに乗って、「今ここにいながら必要なものが自分のもとに来る」という状態を創り出し、受け取れる状態にすることです。

それには力を抜くこと。無理のない自然な形こそ真理です。しかも、そうしていると楽しいから長く続きます。永遠に続けられます。

私たちが生きている今の時代は高波動高次元の時代です。今まで人類が経験したことがないほど願望が叶いやすく、幸せで、喜びに溢れた時代です。しかも、これからますます高波動高次元になっていくといわれています。

その流れに乗るために大事なのは、シンプルにしていくこと。とことんシンプルにしていく。これに尽きます。

頭の中や物質がごちゃごちゃの状態で生きていると、無駄な力が入ってしまって、もったいないです。思考も物質もシンプルを心がけて自然体を意識しましょう。

じつは引き寄せの真理はここにあるんじゃないかと私は思っています。

真の豊かさとは、キラキラと派手なものではありません。自然体で力を抜く。これで引き寄せをやってみてくださいね。

まとめ

今の時代は、今まで人類が経験したことがないほど願望が叶いやすく、幸せで、喜びに溢れた時代。

余計な力を抜いて、無理のない自然な自分を生きよう。

「豊かになる」ってどういうこと？

豊かになるために引き寄せの法則を無限にスパイラルさせて、永遠のループとして稼働させる。そのために手っ取り早いのは、豊かさの波動と同調することです。なぜなら、引き寄せの波動は高波動高次元の波動で、そこには豊かさ以外にないからです。

豊かな波動になれば、豊かさと共振して、自分も豊かになっていくというシンプルな原理です。

豊かであるということは、「本来の自分になる」ということです。本来の自分とは神であり、創造主でもある自分自身のことです。本来の自分として豊かな波動で過ごすことで、自然に豊かさを引き寄せることができます。

全部叶う世界では、自分が自分に対して豊かさを許可することによって、豊かになります。それが本来私たちすべての存在のあるべき姿です。

もう少し、嚙み砕いて説明しましょう。「豊かさ」と「本来の自分になる」ことがどう関係するかというと、もともと私たちは豊かな存在であり、それが普通の状況であり、宇宙の流れに同調しているのです。

例えば私の場合、豊かではなかった時期がありました。それは夫と別居しているときで、生活が苦しくなにもかもに愚痴ばかりを言っていたという状況でした。そこで、豊かさを許可するために、自分に対してご褒美をあげるようにし始めました。具体的にはずっと受けたいと思っていた講座を思いきって受講してみました。

すると、まず新しい人たちと知り合いになり、久しぶりにワクワクする感覚になるという変化がありました。さらにそこで習ったことを人に伝えたり、セッションなどをやり始めるということを続けていたら、人から感謝され収入もどんどん上がっていくという状況になりました。これが豊かになったということです。

これが、なぜ本当の自分なのかというと。自分自身がやりたいことをやっていて、楽しんでいて、感謝もされるようになっているからです

苦しいとか、うまくいかないという気持ちをいつも持っていて、いずれ豊かになるということはありません。**豊かになりたいと思うなら、豊かな波動に触れる、豊かさを感じ取ることをする必要があります。**

波動は感じることによって、同じ波動を出すことができます。つまり、望む波動に触れることで、どんなことも可能になっていきます。今どんな状況かは関係なく、豊かな波動を先に感じましょう。

私たちはもともと豊かな存在です。宇宙そのものが豊かであり、なんでも創造できるエネルギーそのものが、私たちの中に流れているということです。

その豊かな存在が、いろいろなことを感じたくて、わざわざ周波数を落として、「私な

んて」などの不安や恐れという「思い込み」というマインドブロックを持って生まれてきています。それを持っていないと、体験できないことがあったからです。

ただし、もうほとんどの人がそういう体験を終えて、もともとの豊かな波動に戻っていきます。なぜなら昭和や平成の時代に、十分すぎるほど思い込みによる苦しさは多くの人が体験済みだからです。

その戻り方は、「豊かな波動に触れること」これです。先に体験することで、豊かさそのものと同調していきます。それがだんだん当たり前になり、もう元の貧しい状態には戻れなくなっていきます。誰もがもともと豊かさから来ていて、それがあるべき姿だからです。

まとめ

今豊かでないとしたら、満たされた豊かさの波動とは違う波動を出し続けているから。

豊かさは豊かさの波動の中にある。

ついつい貧乏性になっていませんか？

私たちの意識は常に、自分が育ってきた環境や、親や兄弟姉妹など身近な人に影響を受けています。自分が生まれ育った環境や親の経済状態、周りの人の状況に無意識に合わせ、それが当たり前のように、それについて何も考えないように過ごしています。

はたしてそれが豊かだったのか？　と聞かれると、どうですか。その枠の中では豊かなのかもしれませんが、世の中にはもっと豊かに生活している人がいたり、楽に生きてる人がいます。

スーパーマーケットやホームセンターで1円でも安いものを見つけたり、少しでもお得に買うことに喜びを感じたり、掘り出し物を見つける喜びはありますが、それは一定の枠の中でのゲームです。無意識に、その枠の中でやりくり上手になることに全力を注いでしまっています。

もっと豊かになりたいのなら、無意識に自分にはめている枠を外していきましょう。

私にもあった「もったいない」の本性

私自身、枠を外し、豊かさを受け入れてきているつもりでしたが、先日、本性が出てしまいました。

ヨーロッパを訪れたときのことです。想像以上に自分の感覚に近く、どの国に行っても、なじんでしまって嬉しい驚きでした。

そんな旅の中で、イタリアのショッピングモールで買い物をしたときのことです。お土産や洋服など、素敵なお店にワクワクがマックスになっていました。

そんなたくさんのショップの中で、どのお店を見ていくか。ファッションならお店の入り口付近のマネキンが着ている服や並んでいる服の値札を見ると、だいたいそのお店の価格の全体像がわかります。そのようにして次々といろいろなお店を物色して洋服や小物を買いました。

姉と一緒に回っていたのですが、姉があるお店に入ろうとしていたときに、私は良かれと思って「このお店は高いからやめときな。あっちの方がたくさん買えるよ」と伝えました。

また別のお店に姉が入ろうとしていたときにも「ここも高いよ。あっちのお店なら3個買えちゃうよ」と姉を引き留め、頼まれてもいないのにお得なお店の方に誘導していました。ある意味、姉が損をすると勝手に思って、通せんぼをしていたような感じです。

途中ではっと気が付きました。これってものすごく節約好きで貧乏性の私の本性なのだと。

値札を見ると、すぐユーロから日本円またはインドルピーに計算してしまい、欲しいか欲しくないかよりも、高いか高くないかで判断する。

しかも、自分だけではなく、人にもそれを勝手に勧めている。姉は姉で好きなものを好きなお店で買う自由があるのに、私の物差しで勝手にお店を決めている。

その物差しとは、値段が高いか安いか。値段が安くてクオリティーが良いお店で買う貧乏根性がしみついている自分自身に愕然としてしまいました。

もう一つ、この旅の中で「イタリアのすべてを食べたい」と思い、「イタリアに来たからにはティラミスやジェラートを食べなければ！」と思っていました。調べまくって、食べまくって、おいしかったのですが、あとから振り返ってみると、この行動もすごく貧乏性で、ひと昔前にいわれていた〝がめついオバタリアン〟みたいな行動だな〜と感じました。「元を取らないと」とか「全部制覇しなければ」というわけのわからない貧乏性と「もったいない」をモットーにしている私の本性です。

宇宙の仕組みを知ってから、豊かさの中にいつもいたら豊かで最高なものと必ずシンクロして出会うとわかっていたのに、「買い物」「食べ歩き」となったとたん「損したくない」「お得に買い物したい」「元を取りたい」という気持ちが先走り、暴走していました。

勇気をもって枠から飛び出そう

「節約大好き」「もったいない」の中にいつもいると、その枠の中でいつも考えて、そこでのやりくりがうまい人になっています。じつはそれもブロックになっています。そのせいで、それ以上の豊かな世界に行けなくなってしまいます。

生活が苦しい、収入が不安定、老後が不安……いろいろありますよね。だから「節約するのは良いことじゃない？」「やりくり上手は美徳では？」「その方が実際にお金が残るし」と思う人が大半だと思います。けれど、それは不足だと気づかずにもっている偏った考え方で、刷り込みが多いのです。

勇気を持ってこの枠から出た新しい自分、真の豊かさと同調した自分自身を受け入れることで、引き寄せる豊かさや、さらには人間関係や出来事も変化してきます。

私はいわゆる普通の家庭で生まれ育ち、普通に就職しました。それからバックパッカーになって世界中を旅してまわりました。人生のどこで貧乏性がしみついたのかというと、それは結婚してからです。インド人の夫と結婚し、やがて生活がカツカツになり、夫がインドに帰ってしまったまま、子ども2人を育てるためにパートを掛け持ちして、その前は自分の好き勝手にやっていたのに、結婚してから家族のためにやりくりすることが生きがいになった頃からです。

現実は苦しく八方ふさがりが続いた状況だったので「節約大好き」「もったいない」という枠から出るのは怖かったのですが、やがて宇宙の仕組みを知って、豊かさとシンクロしようと決めました。新しい世界を見たくてまた自分自身の可能性にかけてみようと勇気を出して、新しい人や新しい出来事、世界にチャンスがあったらどんどん飛び込んでいきました。すると人が人を呼び、どんどん口コミが広がるという変化が現れました。

今はいつも幸せで余裕のある、信じられないくらい豊かな人生を送っています。それでもたまに、ここに書いたような貧乏性の自分が顔を出します。そのたびに豊かで最高なものとシンクロできる自分であろうとしています。

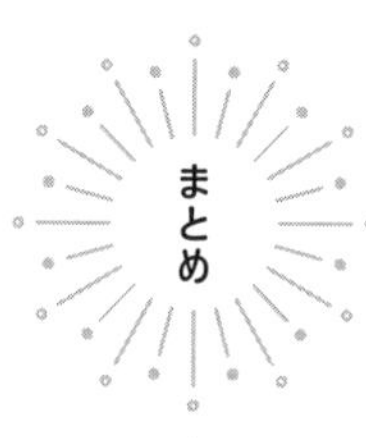

もったいない、節約大好き、貧乏性の自覚がある方は、さらに大きな豊かな自分を経験するために、そのパターンを手放していくことが大事。

宇宙から「豊かさ」を受け取るコツ

私たちの中に願望や望みが湧き出るのは、すでに宇宙ではそのようなものが存在するからです。その望みの波動は豊かさの中にあります。どういうことかというと望むものはすでに存在していて、何でも叶えられるということなのです。

ですから、豊かさと同調すれば望みを現実として受け取ることができます。

さらに、宇宙の豊かさも受け取ることができます。私たちはもともと豊かな存在なので、もともとの波動になればいいだけです。

そのためには同調すればいいだけ。簡単なのです。

ですが、その豊かさを受け取るのに大きなネックになるものがあります。それぞれの考え方に宿る観念や信念です。その観念や信念の中で「豊かさを受け取る資格がない」と思い込んでいたら、どんなに用意された豊かさがあったとしても受け取ることはできません。それは不足の波動を出します。豊かさや望みの波動と不足の波動はあまりに違いすぎて同調できません。

先に触れたように、観念や信念は今まで育ってきた環境や人の影響を大きく受けています。当然のことと思いすぎていて気が付いていない場合が多いので、自分自身の内側をよく見てみましょう。

観念や信念は潜在意識をどんどん書き換えていくと変えることができます。すると、すっとスムーズに受け取れるようになります。

また、引き寄せの法則では、良い気分になっていくことで豊かさと同調してきます。良い気分になれば良い波動と同調してさらに良い気分になっていき、さらに、さらに、と階段を上るように、どんどん良い気分になっていきます。ですから、まずは今、少しでも良い気分になろうとすることです。

「私は豊かさを受け取れる」とか「私は豊かさに値する人間である」と思っていれば、豊かさや望みを受け取ることができます。そのために、アファメーションや言霊も有効です。

・私はいつも豊かである
・私はいつも満たされている
・私はいつも幸せである
・ラッキーなことばかり起こる
・人にも物にも恵まれている

- 周りは良い人ばかりである
- 感謝の気持ちが溢れてくる

まとめ

豊かさは誰でも受け取れて、今すぐ豊かになることは可能。豊かさと同じ波動になることで自動的に豊かさの無限のループに入り宇宙の無限の豊かさを受け取り続けられるようになる。

「豊かになること」を自分に許可する

宇宙の豊かさは、あらゆる人やあらゆるものの希望が叶ったとしても有り余り、永遠に、無限に、増え続けています。

自分が宇宙の豊かさのソースエネルギーを使えば使うほど豊かさのエネルギーがさらに拡大して、もっともっと自分自身に流れるようになっています。

こんなに無限のエネルギーがあるのに、自分を小さく見積もり、願望も小さくしてしまってはもったいないです。豊かさを受け取れない波動になって、小さなものしか受け取れません。

自分を小さく見積もる必要はありません。好きなだけ望めば、好きなだけ受け取ることができます。誰にも遠慮は無用です。

物質に焦点を当てた世界では、目に見えていることだけに焦点が当たっています。そのため、自分が豊かになるためには、他から豊かさを奪い取るような錯覚に陥ります。

宇宙の仕組みは、自分が豊かになったり幸せになることで他の人が豊かになれない、などということは一切ありません。

そもそも、物質の世界でも、豊かさを奪い取るというのは変な話です。有限のものなど何もなく、見えているものはじつはすべて宇宙の豊かさ、ソースエネルギーの波動です。

私たちは望めばいいだけなのです。

無限と反対の有限という概念からすると、世の中に出回る情報の多くは真実ではありません。私たちはわざわざ制限を体験しているということも多いのです。

自分の信念は自分で決めることができます。前に書いたように、観念や信念は潜在意識ごとどんどん書き換えていけるものです。

豊かになることを決めて、許可し、無限の豊かさへと歩み続ける。そのような信念を持てば、無限の豊かさのループは広がり続けます。

すべては一人一人の意図の世界になります。豊かになることを決めて許可したら、豊かになります。許可することでそこにエネルギーが集まり始め、新しい世界が構築されていきます。逆に言えば、自分の許可がなければ中途半端な状態が続き、変化は起きません。

無限の豊かさを体験しながら徐々に幸せの器を大きくし、絶えず幸せになることを許可していくこと。幸せの器を大きくするというのは許可をし続けるということなのです。

受け入れれば受け入れるほど、自分に許せば許すほど、許可すれば許可するほど、豊かになっていきます。

がむしゃらになって一生懸命動くことが良いわけではありません。それは不足を生み、もっと、もっと、と自分を追い込んでいきます。

豊かさに許可を出したあとは、自分が出している波動を意識しましょう。

自分の波動を豊かさの波動にして、「自分には豊かになる権利がある」ということを認識してください。

まとめ

宇宙の豊かさのソースエネルギーは、使えば使うほど、さらに拡大して豊かさのエネルギーが自分自身に流れるようになっている。

決めてしまえば、永遠に豊かでいられる

豊かさとは一時的なものではなく、永遠であり、一生続くものです。

かつての私がそうだったように、多くの人たちは、苦労して、苦労して、苦労を乗り越えた先に幸せや豊かさがあると刷り込まれています。勘違いしたまま、そこを目指そうとしています。

「苦労を乗り越えた先に……」という成功法則は、宇宙の法則からするとまったく役に立ちません。悲しいことに、苦労の先には苦労しかないというのが宇宙の法則です。

豊かになるために「何かをしないと」と、代わりのものを差し出すのは、じつは真実の動き方ではありません。今現在に豊かさはないと思って、たくさん働こうとか、どこかに探しに行って学ぼうとしたりしますが、じつはそれは逆効果になります。

豊かさとは今ここにすでに存在していて、それに気が付くことなのです。豊かさは遠く

にあるものでも取りに行くものでもありません。

すべての主導権は私たち、自分自身にあります。豊かになると決めたらそこにエネルギーが流れ続け、そのエネルギーが回転し続けて、遠心力、吸引力が増し、拡大していきます。

宇宙の法則では、この豊かさこそがソースエネルギーで、無限のエネルギーです。このエネルギーと同調し続ければ一生豊かで満たされた人生を送れます。

同調するというのは私たちが良い気分で過ごすということです。

「そう言われても……」と、こんな思いが出てきたりしませんか？

- とはいえ、難しそう
- どこに豊かさがあるのか
- 私はそのようなものに値しない
- 貧しい人生のままなのかもしれない
- 特別な意志の強い人ができること

- 今までもうまくいかなかった
- 夢物語で終わりそう
- 私が豊かになれるはずない
- じゃあどうやって？　現実に見ないと信じられない　etc.……

このような観念をどんどん書き換えて、まず豊かになると決めましょう！　疑いを持ち続けて現状が変わらないなら、実験のような軽い気持ちで書き換えをしてみるのはどうでしょう。とにかく試してみて、少しでも変化を感じてみてほしいと思います。

あなたの決意以上に強いものはありません。それがすべてを動かしています。観念を外すことでスムーズに豊かさと同調できるようになります。

まとめ

観念を外して今ここにある豊かさに気づいていく。豊かさとは無いものではなく、すでに存在している。

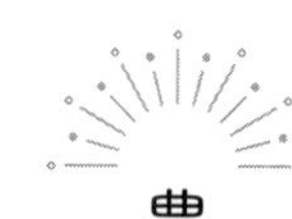

豊かになることを遠慮しない！

自分が変化するときに、家族や友人の目が気になってくることがあります。

「これまでの環境にいる人や付き合ってきた人にどう思われるか」「周りに迷惑をかけないだろうか」そう思うあまり、せっかく決めたのにもかかわらず行動や言動を気にしてしまう、とジレンマに陥ることも最初はあると思います。

私自身もパート掛け持ちの極貧生活から自分で仕事をする方に切り替えたとき、家族の目や、子どもの保育園のママたちの目、先生の言葉などが気になった時期がありました。収入や付き合う人の幅が広がってきて、無我夢中で動いていたときに言われたのが「前の方がよかった」という言葉です。

そういえば、中学生のときにも友人から同じことを言われたことがありました。これについては自分の中で答えは出ていたのですが、そう言われると「変化することはいけないこと?」と罪悪感が出てきます。

収入や付き合う人の幅が広がってきたときの私もまさにそうでした。とにかく気にしないように潜在意識の書き換えを何度も行いました。

中学生のときに「前の方がよかった」と言われたときに出した答えは「自分は人にそのようには言わない」ということ。人が変化していくことは自然なことで、むしろ素晴らしいことです。「前の方がよかった」と言う人は、自らが楽しくなさそうな人が多く、「現状維持をすることが良いことだ」という信念が透けて見えます。

ここまで読んでくれたあなたには、現状維持とはエネルギーの観点では同じことを繰り返し創造している、現状維持の状態をわざわざ新しく創造し続けることにエネルギーを使い続けている、ということがわかっていますよね。

そうではなく、これまでの観念を外して、豊かになることや拡大することをどんどん望んでいくと、望んだ通りになっていきます。

宇宙には有り余る豊かさがあり、さらに拡大し続けていて、まったく使われていないエネルギーがたくさんあります。有限ではなく、無限のエネルギーです。遠慮したら遠慮した人生になるだけで、望んでいるような幸せは訪れません。

シンプルに、まずは自らが幸せになり、豊かさを受け入れていきましょう。自分が幸せで豊かになっていけば、周りも自然に豊かになっていきます。

一時的に「前の方がよかった」と言う人がいても、本当に大事な人ならば「この方がいい」と、いつか言ってくれます。

これが本当の意味での循環です。宇宙はこうして拡大し続けます。

自分が幸せで豊かになっていけば、周りも一緒に自然に豊かになっていく。

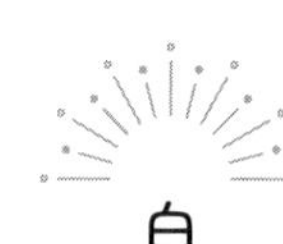

自分中心主義でOK！

自分の世界は自分で創っています。見えている世界は自分の内側が投影されて出来上がっています。邪魔する者などいません。自分も、誰も悪くないし、自由な世界です。

一般社会では自己中心的に生きるのはいけないことのような教えもありますが、宇宙の法則では自己中心的にならないと何も始まりません。

なぜかというと、決めることからすべてが始まるからです。決めるのは自分自身であり、他の人ではありません。他の人に決めてもらっても、それはその人の選択です。その人の選択を自分の世界で採用しても、どこかずれてきてしまいます。

平和のためや、多くの人のために、行動している人がいます。それは立派なことですが、自らを犠牲にするような考え方に基づいて行動をしている人はとても苦しそうで、辛そうです。私は海外にいるせいか、よくそういう人に会います。

宇宙の法則では不足の状態には不足の物事が起きます。自らが犠牲になることを選択していると、自分も、そして周りも犠牲にしてしまうようなことが起こってしまいます。多くの人のために良かれと思って自分を犠牲にしていることが、じつは、人のためにもなっていない。しかも、これは自らが招き入れたことの結果だということに本人は気づいていません。

このようなパターンは古い観念や古い習慣、さらには過去世に修道女や修行僧だった人が何度も繰り返していたりします。

「良い人」パターンに陥っていませんか?

次のようなことに「自分は当てはまるかも」と思う人はいませんか?

・自分より他者を優先する

- 他の人が気になる
- 気が回りすぎる
- 人の喜びが自分の喜びだと思っている
- 人に喜ばれることをしたいと思っている
- 自らが犠牲になってもいいと思っている
- 他人軸だと思う
- 自分のことがよくわからない
- よく辛くなることがある　etc.……

私自身もつい目の前のドラマにどっぷりつかってしまい、自らは二の次にしてしまう「いい人風」のパターンを持っているので、よくわかります。これは本当の良い人ではありません。良い人をやるたびに自分に不足が蓄積されるだけです。

これは古い考え方で、化石のようなものだと思って、さっさと手放しましょう。

自分の世界は自分で創っています。とことん自分を大事にして、自分自身を幸せに、豊

かにしていきましょう。

自分を幸せに、豊かにできるのは自分しかいません。「彼氏と一緒なら幸せ」「高給の会社に入ったら豊かになる」のではなく、本当に自分を幸せに、豊かにできるのは自分以外の誰もいません。

「誰かがきっと」「何かがきっと」と、他に求めている人は諦めましょう！

豊かさは、自らを幸せに、豊かにしている人の波動と同調します。自分を二の次に考えるような自己卑下の精神の中に豊かさは存在しません。そこには不足があるだけです。

自分をていねいに、ていねいに、かわいがり、満たしてあげましょう。たくさん、たくさん、ほめてあげましょう。大事に、大事に、抱きしめてあげましょう。自分が求める限り、それをやってあげましょう。

いつも応援してあげて、「良い子、良い子」と頭をなでてあげましょう。小さな子どものように自分を見てあげてください。

そのあとは、自分が今やりたいことをとことんやらせてあげること。「寝たい」と言ったら眠らせてあげる。「お笑いを見たい」と言ったらお笑いを見せてあげる。欲しいものがあったら買ってあげる。食べたいものがあったら食べさせてあげる。

このように、今自分がやりたいことに耳を澄まして、どんどんやらせてあげてください。

外軸になっていた自分の軸を、まず自分自身に戻すことが何よりも大事です。本当に、一番と言いたいくらい大事です。

自己中心的とわがままの違いとは？

自分中心になること、自分軸を持つことに対して「わがままでは？」と躊躇する人がいます。

自分軸とは、自分自身の信念に対して忠実に考えて行動できること。平和的で、自分の感覚に沿って自らを喜ばせ、信念に沿って心地よくいることです。

一方、わがままとは、自分の意見を相手に押し付けたり、相手を否定したり、攻撃する人のことだと私は定義しています。

自分の世界は、自分中心に自らを満たし、幸せな時間を増やしていくことで、すべてうまくいくようになっています。

心配しなくても大丈夫です。相手も、自分中心に自らを満たすことで、うまくいくようになっていますから。

お互いにわがままでなければ、みんなそれぞれが自分で自分を幸せにできます。

ぜひ自分中心主義を試してみてください。

まとめ

宇宙の法則は、決めることからすべてが始まる。自己中心的にならないと何も始まらない。外軸になっていた自分の軸を、まず自分自身に戻すことが何よりも大事。

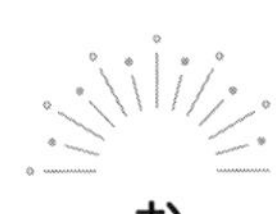

お金は汚いものではないし、エゴの塊でもない

お金というものはただのエネルギー、波動です。

この物質世界では、確かに、お金の波動と調和することでより自由度が上がり、できることが増えるような感覚になるのもうなずけます。

ですが、お金に対しての概念は人それぞれですよね。

そのお金に対する概念は自らに対しての自己価値を反映している、と私は考えています。

「お金が汚い」と思っていると自分も汚いものになり、「お金をたくさん持つと不幸せになる」と思っていたら、やはりそのまま不幸せです。

お金に対する考え方や、お金を持っている人に対する考え方が「汚い」「不幸せ」などというのは、不足につながります。豊かさが欠落しています。そういう概念の場合、自分にもそれを反映し、お金が流れてこないように堰き止めているのです。

今現在、お金に対して何らかの観念がある人は、一度その状態をニュートラルに戻して、新しいポジティブなものに変えてみませんか。そうすれば体験することも変わってきます。お金が流れてくるようになり、豊かさを受け取れるようになるには、考え方の抵抗を無にしていく必要があります。

〈お金に対しての観念を知り、満たすワーク〉

お金は水のようなエネルギーなので、お金を水として捉えてみると、不足が満たされ、循環する感覚になれます。次のワークをしてみましょう。

ステップ1　透明な瓶をイメージする

透明な瓶に水が入っています。瓶の水は、あなたのお金のエネルギーの水です。瓶の水はどのくらい入っていますか？　それは、どんな色の水ですか？

ステップ2　水を溢れさせる

瓶の底から水が湧き出てきて、水を溢れさせます。どんどん溢れ続けています。瓶の底は大河や雪山につながっていて、尽きることはありません。

そのようにイメージしたとき、どんな気分ですか？

ステップ3　水を交換する

瓶の水は永遠に湧き続け、溢れ続けています。ぜひ多くの人と分かち合ってみてください。水といろいろなものを交換して、体験してみましょう。例えば水を欲しいという方にどんどんあげて、感謝される、などように。

どんな気分ですか？

永遠に湧き続け、溢れ続けている瓶の水。これが本当の、お金の豊かさの流れ方です。お金の不足を感じたとき、この瓶と大河を想像して自分を豊かさで満たしていきましょう。

大河が汚いとか、なくなるというのは、ただの幻想です。無限に溢れる豊かなお金のエネルギーと同調していきましょう。

地球は今後、さらにエネルギーの流れが加速していきます。それぞれのエネルギーとの調和がますます大事になってきます。

お金に対しては、特に抵抗やその人の価値観などが反映されるので、観念をニュートラルにして、抵抗を無にし調和させていきましょう。

まとめ

お金というものはただのエネルギー、波動。お金がどんどん流れてきて、豊かさを受け取るには、お金に対しての負の観念をニュートラルに戻して新しいポジティブなものに転換すること。

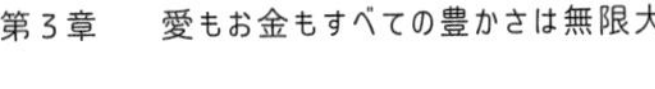

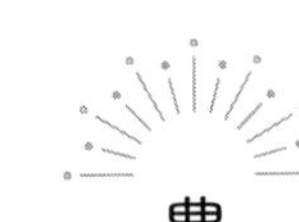

豊かさのある場所に行ってみる

私たちは波動であり、エネルギーです。その波動はいつもいろいろなものと共振し、影響を受けています。

波動はすぐに共鳴するので、良いものを取り入れていけばどんどん良いものと共振して、目の前に良いものが溢れてきます。反対に変なものや暗いものなどと共振し続けていると、変なものや暗いものが目の前に溢れます。シンプルな原理です。

私たちが生活し、利用している場所には、豊かさの波動が溢れている場所、豊かな人が多く集まる場所があります。そのような場所はたいてい明るく、〝気〟のエネルギーが素晴らしくさわやかで、風通しの良いところが多いものです。

あなたの生活圏の中で豊かな人が多くいる場所はどこでしょうか？　豊かな人が利用しているものはなんでしょうか？

東京でいうと港区や世田谷区は大使館や緑も多く、〝気〟のエネルギーが良いところが多いですよね。会社経営者や投資家などが多く住んでいるエリアで、確かに豊かさのエネルギーが多いなと感じます。他には、

・空港のラウンジ
・クルーズ客船
・新幹線のグリーン車
・ホテルのスイートルーム
・ホテルのラウンジ
・ホテルのレストランやカフェ

私もよくわかっていなかったりしますが（笑）、とにかく、**「豊かさがある」と思う場所で過ごしてみて、そこの波動を感じることで、自分も豊かさの波動をまとえるようになります。**

自然や人が元気で生き生きしているところなどもいいですね。

以前旅したハワイ島は自然が生き生きしていて、火山も5個もあるようで、すごいパワーでした。おかげで元気をもらいました。

高級かどうかではなく、このような場所の波動を感じることでも豊かさと同調できます。

自分次第で体験することが変わる

そう書きながら、ハワイへの旅でまた貧乏性が出た体験を告白します。

ハワイ島の前に、オアフ島のホノルルに行きました。ハワイ島に行く乗り換えの合間にパンケーキを食べることが目的でした。

お目当てのパンケーキ屋さんが3軒あって、そのうちピンと来ていたのは高級ホテルのある海の方のエリアだったのですが、初めての土地で、飛行機に乗り遅れるのも嫌なので、空港から一番近いパンケーキ屋さんに行きました。

そのとき、ちょっと嫌な予感がしました。裏通りみたいなところで、なんだかすさんでいました。人も余裕がない感じで……。「まあ、あまり気にしても」と自分に言い聞かせながらパンケーキ屋さんに着いてみると、見るからに非衛生的です。でも「とにかく目的を達成したい」と思って予定通りにパンケーキを頼んで食べてみると、「ま、まずい！」。粉臭くて、塩が強すぎて、しかも無駄に分厚くて、とても食べきることができませんでした。

ついつい貧乏性の自分が出てしまい、効率を重視しすぎたせいで、まさかの衝撃的な味の体験をしました。

そのあと「やっぱり豊かな波動がいい！」と切り替えて、ハワイ島では貧乏性を封印したおかげで、とても〝気〟の良いホテルや場所に行くことができました。滞在中ずっと良い波動や豊かな波動を浴びることができました。

私の経験のように、**自分の意図や選択によって波動が変わり、体験することがまったく変わってきます。**

豊かさを受け取りたい、豊かな経験を多くしたいと思うなら、豊かな波動の場所に行く、豊かさを体験する、豊かな人に会う、そして良い波動を浴びる。これらの方法が早く、簡単です。

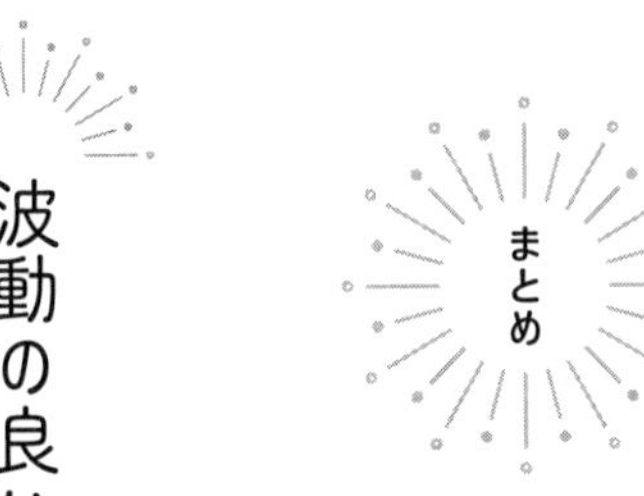

波動はすぐに共鳴する。
良いものを取り入れていくと、良いものと共振して、目の前に良いものが溢れてくる。

波動の良い場所に行ってみる

すべては波動です。身近なところで波動の良い場所を見つけておくことも、良い気分でいるため、波動を整えるために、とても効果的で、簡単な方法です。


私なりの波動の良い場所と悪い場所の見分け方があります。

波動の良い場所とは「高貴な品（ひん）」を感じるところです。

例えば、神社やお寺など。いつも祝詞（のりと）やマントラで場が清められているからでしょう。

たくさん神社やお寺がある中でどこがいいかというと、自分にとって「ときめく場所」「良い感じがする」というのがベストです。ご自身の感覚でピンと来るところが波動の良いところで、そういうところに行くと波動が整います。

有名だからとか、人が多いからというのはあまり関係がなく、自分にとってどうかが大事です。有名なところでも「意外と私はときめかない」という場所もあります。

神社やお寺のような特別な場所じゃないといけないかというと、そんなこともありません。今ここで安心して、リラックスして、ほっとする波動でいれば、ゆったりとした宇宙エネルギーである創造主と同調できて、そこが高貴な波動の場所になります。

今いるところを否定したり、他の人がいるところを悪いと非難したりするのは見当違いです。逆に否定や非難めいたものを引き寄せてしまう可能性があります。

どんなところも意味があり、意味があるから存在しています。

自分の中が満たされ、高貴な意識でいれば、あなたがいるその場所がパワースポットになります。心地よい空間、波動の良い場所になるのです。

人間にはそれだけ力があり、良い波動やパワフルなエネルギーを放っていることを忘れないでくださいね。

自分の波動は場所だけでなく、周りの人にも影響を与えます。

ご機嫌で、良い波動で過ごすことで、あなたがいるその場所がパワースポットになり、光の空間になっていき、周りの人たちの波動も整って、みんなが良い気分で過ごせます。

蓮の花は、あの美しく高貴な花を泥の中から咲かせます。真の美しさや豊かさの波動とは今ここで、自らがその波動そのもので過ごすこと。これが一番パワフルです。

まとめ

今ここで、安心しリラックスしほっとする高貴な波動でいることが、ゆったりとした宇宙エネルギーの創造主やソース（源）と同調した高貴な波動の場所になる。

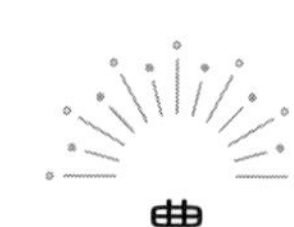

豊かさの波動に慣れよう

豊かさの波動はどこかの場所に行って感じることもできますが、今ここに、すでに存在しているのでしたね。どこかに行くよりも、今ここで豊かな波動を感じることができれば、一番早く、効率が良いことになります。

遠くで感じても、近くで感じても、豊かさの波動にはまったく違いはありません。今ここで感じられる豊かさの波動とは豊かな心であり、それは「あるもの」だけに意識を向け続けていくことで同調できます。

あるもの＝豊かさの波動
無いもの＝不足の波動

あるものとは、今、目に見えているものなど、なんだってＯＫです。

私は今この瞬間、机、いす、扇風機、パソコン、ゆったりした時間、水のペットボトル、風になびく木々、隣で頑張ってくれている職人さん、エアコン、髪を結わくゴム、エビカレー、白いご飯……が見えています。こんなに私たちは「あるもの」に囲まれているんですね。

そういう「あるもの」に意識を向けていくと、思考が止まり、心がどんどん満たされていきます。良い気分になり、豊かな波動になります。

人にフォーカスしてみるとどうでしょう。

私の人生で私を囲んでいる人たちに意識を向けてみます。お父さん、お母さん、お姉ちゃん、妹、妹の旦那さん、クリシュナさん、すーりや、らくしゅみ、ソニ、びのちゃん、びのちゃんの奥さんリジャさん、サイ、リジャの妹さん、息子さん、子どもたちの先生etc.……。

あなたもこんなふうに数え上げてみてください。

私たちはたくさんの人に見守られながら存在しています。そのことに思い至るだけでとても満たされてきます。

さらに豊かさの波動を広げていくためのポイントは「感謝」をしていくことです。感謝の波動は、感情の波動の中で最高のものを放ちます。その最高の波動は、さらに大きくどこまでも広がっていきます。

一つ一つのものに感謝をしていきましょう。

一人一人に心から感謝をしていきましょう。

そうすると、もう本当にとんでもなく満たされて、豊かさの波動でずっと過ごせるようになります。

私たちは自ずと「ない」に意識が向くようになっていて、その「ない」の数が増えるほどエネルギー不足ですさんできます。

意図的に「ある」に意識を向け続けていくことが必要です。「ある」こそ豊かさに直結していて、「ある」ものしかないのですから。

今、見えているものに意識を向けたり、人生を取り巻く人に意識を向けることをワークとして繰り返しやってみてください。

いつも「あるもの」「良い気分になるもの」「明るい気分になるもの」に意識を向け続けて、自分を整えていきましょう。

あるものに意識を向けることで感じる安心感、楽しさ、心地よさ、ほっとする感じ、リラックスから生まれる良い気分そのものが豊かさです。

あるものに意識を向ける訓練をすればするほど、豊かさや幸福な波動と同調し、豊かな自分を受け入れられるようになっていきます。

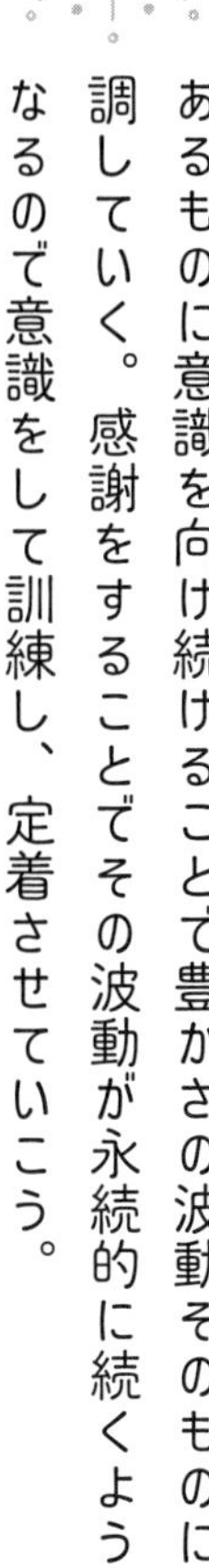

あるものに意識を向け続けることで豊かさの波動そのものに同調していく。感謝をすることでその波動が永続的に続くようになるので意識をして訓練し、定着させていこう。

愛する、愛される気持ちを味わいつくす

宇宙は愛そのものであり、豊かさとは愛の波動ともいえます。愛を受け入れる、感じてみることでより意識が拡大していきます。

宇宙の創造主やソース（源）の愛はこの世界で起きていること、宇宙で起きていることをすべて許し、許容し見守ってくれています。私たちも許容すればするほど意識が拡大し、より大きな意識になることができます。

愛を感じることで、絶対的な幸福を感じることができます。

どんなものも許容し、認め、愛する。これが創造主の愛です。創造主の愛を感じてみてください。

「どうやって？」と思うかもしれませんね。じつは「創造主、ソース（源）の愛を感じる」と意図するだけで、その波動を感じることができます。

怖がらずに、ひたすら受け入れ、受け入れ、受け入れてください。

創造主は、あなたが生まれる前から、あなたが何度も転生を繰り返し続ける生の中で、ずっとずっとあなたを応援し、励まし、見守り、愛の眼差しを送り続けてくれています。

この絶対的な安心、安全、永遠の愛の中で愛される気持ちを思いっきり感じて、その中でのびのびと泳ぎ回り、さらに愛を感じ続け、味わいつくしてみてください。

私たちは今まで一度も、一瞬たりとも、愛されていなかったことなどなく、ずっとこの愛の中にいたのです。

創造主の愛の中にいるあなた。それがあなたの本当の姿であり、あなたの愛の大きさです。創造主、ソース（源）に感謝をしましょう。

そして、あなたからも創造主、ソース（源）に心を開き、愛を送っていきましょう。思いっきり強く、強く、愛を送っていきましょう。送りたいだけ、たくさん、たくさん送ってみてください。

あなたとソース（源）は相思相愛で、深く愛し合っています。その愛の深さでこの宇宙は創造されているのです。

同時に、あなたの大切な人や大切なペットの愛を感じていきましょう。一人一人、ただただ愛を感じて受け入れていきましょう。受け入れた感情をどこまでも、どこまでも感じていきましょう。

そうすると自然とハートが開き、心がほぐれてきます。感謝して、大きな、大きなハグをしていきましょう。

数をこなすことが重要なのではなく、一人一人に対する愛をていねいに味わいつくすこと、心を開くことが重要です。

いつも愛の中にいて、思いっきり愛したいのですよね。それはもう、引き寄せています。私たちはすでに、どこまでも深い愛を知っています。「私の人生には愛がない」と思うとしたら、愛に躊躇しているだけです。

創造主、ソース（源）は永遠・無限の存在です。その愛に心を開いていきましょう。

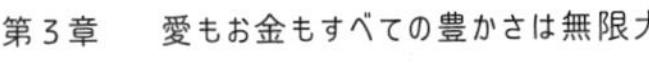

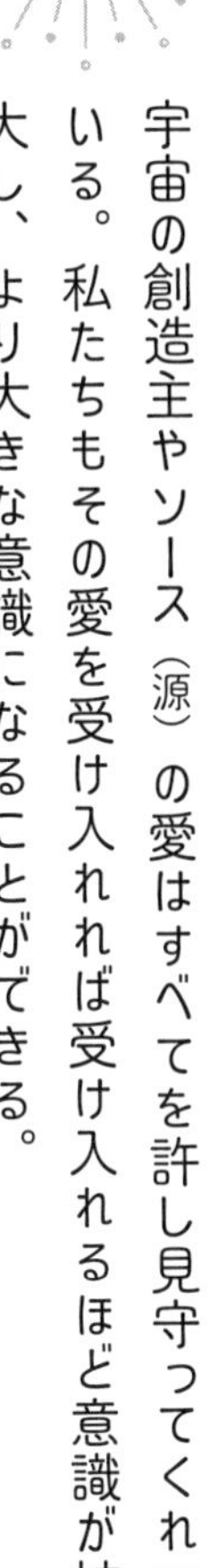

まとめ

宇宙の創造主やソース（源）の愛はすべてを許し見守ってくれている。私たちもその愛を受け入れれば受け入れるほど意識が拡大し、より大きな意識になることができる。

良い気分のときは「無」になっている

世の中にはノウハウ本や自己啓発の本が溢れています。もちろん、この本もその一つで、引き寄せの法則の使い方を紹介しています。

ですが、**本当は「学ぶのをやめて、一度止まること」が最も効果的でシンプル**なのだと言わせてください。

会社の経営者や成功者といわれる人たちの多くが、「マインドフルネス」や「瞑想」を取り入れています。何のためかというと、シンプルに思考を止めるためです。

思考を止めることによって頭の中が無になり、今にいられるようになります。

そうなると頭はすっきりし、質の良いひらめきやインスピレーションをバシバシ受け取ることができるようになります。

このひらめきこそ、成功の秘訣です。彼らはそれを知っていて実践しています。

それは今に始まったことではなく、何千年、何万年と受け継がれてきたことです。


私たちを邪魔するものなど何もありません、あるのは自らの思考やマインドのエゴの声のみです。

そのエゴの思考を静めるだけでいいのです。シンプルに余計なことは考えないことが一番です。


「良い気分でいること」が、宇宙のソース（源）と同調している波動であると伝えてきました。

この「良い気分」のとき、じつは頭の中は「無」になっています。思考は静まり、感覚が研ぎ澄まされた状況です。

波動を整えるための、安心、リラックス、ほっとする、好きなことをする。これも「無」になること。何かに夢中になっているときも頭の中は「無」で、「今にいる状態」になり、何も考えていない状況になれます。

その状態になると自然に最高の波動と同調できます。

すると過去や未来など、あらゆるところから最高の情報がひらめきとなって降りてくるので、それを受け取って過ごしていきましょう。

余計な力が入っていないのに、大きなエネルギーも楽々回せて、引き寄せもバンバン起きて、最高の望む人生を歩むことができます。

まとめ

誰もがこの宇宙の無限の豊かな人生を歩むタイミングが来ている。この新しい進み方のポイントは「思考を止める」「考えない」「止まること」で開かれていく。

第4章

奇跡のように現実が変わっていく！

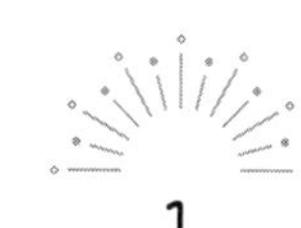

1秒後に叶うことだってある！

この世界を創っているのは自分自身の意識の波動である。このシンプルな宇宙の引き寄せの法則が腑に落ちてきたでしょうか。

自分の意識が変われば、今すぐに変化を起こせます。今すぐに叶う願いもあります。「石の上にも3年」みたいな言葉もありますが、「時間をかければいい」という先入観はそのうちなくなっていく気がします。経験をどれだけ積むかはまったく関係なく、「今すぐ欲しい」「今すぐこれをしたい」という欲求にそのまま素直になればいいのです。

願いを叶えるのは、こんなに単純なことだったと知って、私は本当に驚きました。

私が潜在意識の書き換えを仕事にしたのは2015年のこと。当時は「変化を実感するのは1週間から3か月」と教わり、「確かにそうだな」と感じたことを覚えています。

ですが、ここ最近の自分や周りの人たちの変化を見ていると、潜在意識を書き換えた途

端、その場でパッとエネルギーが変わるのがわかります。表情がまるで変化し、エネルギーが軽くなるのが目に見えるほどです。

先日も、思考に捉われて自分の思い込みのまま喋りまくっていた人が、潜在意識を書き換えたら、すぐに本質だけを話し出しました。「意識を変えるのに時間はもう関係ない時代が来ているんだな」と改めて実感した出来事です。

地球全体の波動が高まり、地球が次元上昇していくこの時代は、願いが本当に叶いやすく、早く現実化するようになっていると感じます。

願望実現や引き寄せについて「時間がかかる」とか「いつかは」と思う必要はありません。かえって時間がかかるものになってしまいますし、そもそも「いつか」は来ません。そうではなく「簡単に叶う」「すぐに叶う」と自分が思えば、本当にすぐに叶うのです。自分の願いをスピーディーにどんどん叶えていきたいなら、自分の思考をとことん軽くして、「簡単だ」という方を採用しましょう。それくらい単純な世界が、この引き寄せの世界なのです。

願えば1秒ごとに叶うような、そんな世界もすぐそこまで来ていますから、どんどん望んで、受け取っていきましょう。

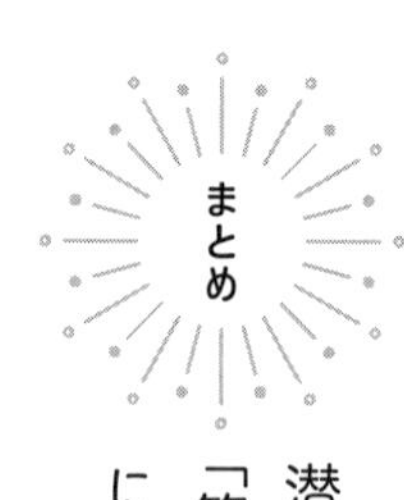

潜在意識を書き換えたとたんにエネルギーが変わる。「簡単に叶う」「すぐに叶う」と自分が思えば、本当にその通りになる。

イージーモードスイッチを押そう

欲しいものを手に入れるのは大変だと思っていましたか？　そう思っていたら大変になります。逆に、簡単だと思っていたら簡単になります。

もう苦労や悩むのは終わりにしましょう！　そこら辺はさんざん体験して、もうおなかいっぱいですよね。

私自身、うまくいかないときは観念がガチガチで、頭もパンパンの状態で、苦労好きモードに入っていたな、と今はわかります。

そこから潜在意識の書き換えをたくさんしたら、どんどん思い込みがとれて悩まなくなり、気持ちが軽くなってきて、物事を軽く捉えられるようになりました。「あれ？　この世の仕組みってシンプルなんじゃないかな？」と。

そして、すべてにおいて執着が外れていきました。なぜなら難しく考えていたのは自分自身で、じつは宇宙の法則は簡単だったとわかったからです。

潜在意識の書き換えのおかげで「こうあるべき」という自分の思考が静まってきたら、気持ちや行動が軽くなってきて、なんでもうまくいく気がしてきました。そのようにして願望も出していたら叶うようになってきました。「簡単なのがいい」「楽々がいい」と自分で決めたら、そのようになってきたのです。

叶わなかったときに私が信じていたことと真逆でした。

そういえば、最初に目に見えない世界のエネルギーを扱うときのコツとして習ったのが「いい加減に」「やる気なく」というものです。「頑張る」「苦労する」とは真逆ですよね。

その脱力した状態になると、じつはものすごく良いインスピレーションが降りてきたり、頑張らなくても物事が勝手に良い方向に転換していきます。この状態が「イージーモード」です。

私は根が単純で、素直さだけは取柄なので、自分が今までやったことのない「いい加減に、やる気なく」を実践しました。すると、いつのまにかイージーモードに乗っていました。

と言っていますが、最初は「いい加減に」「やる気なく」を〝頑張って〟やってみたんですよ。「頑張る」「苦労する」自分が出そうになったら、とにかく「いい加減に」「やる気なく」と心がけるようにしました。

自由に仕事をすること、収入アップ、本の出版など、憧れて、頑張って、努力をしていたときには叶わなかったのに、力を抜き、波動を中心としたイージーモードに切り替えて

「いい加減」「やる気なく」「脱力」を〝頑張って〟いたら、なんと1年以内にすべて叶ってしまって、自分自身でも怖いほどでした。

一般的に評価されるような肩書も、学歴も、取柄も何もない私でもできるのですから、「誰でもそうすれば叶う」ということを証明できたんじゃないかと思います。

もし、あなたが憧れて、頑張って、努力しているのに叶わないことがあるなら、「頑張る」「努力する」の反対の自分に、ぜひチャレンジしてみてくださいね。

それが、イージーモードのスイッチです。

まとめ

頑張らなくても、努力しなくてもいい。
イージーモードのスイッチを押して、「いい加減に」「やる気なく」を〝頑張ろう〟。

望みに対して常に素直でいること

「すごくエゴが強い人やわがままな人がお金持ちになったりして、望みが叶ってるのはなぜですか？」とご質問いただくことがあります。

答えは明確で、「自分の望みに対して素直だから」。

性格が良いとか悪いとかいうのは他人が勝手に思うことで、引き寄せとは関係ありません。当の本人が「心から望むもの」はそのまま宇宙に行き、そのまま叶います。

心から望むものに対して思考で邪魔をしないで、「お金持ちになりたーーい」「こうなったら嬉しーーい」などと、子どものように無邪気に思えば叶うからくりになっています。

貪欲な人がお金持ちになったりブランド物を買いあさって成金のようになるのも、本人がその望みに対して純粋に願っているから、そのように叶うのです。

子どもは望みに対して素直です。息子のソニ（現7歳）は目にしたおもちゃを手あたり次第に欲しがります。何度言い聞かせても、あの手この手を使って自分のものにします。

先日も、「新しい自転車が欲しい」と言い出しました。私は「必要ない」と言っていたのですが、すでに持っている自転車のチェーンが外れるようになり、直しても、直しても、外れて危ないので、夫が「そろそろ新しいものが必要だな」と言い出して、新しく買うことになりました。息子が「新しい自転車が欲しい」と言ってから2週間後のことです。息子はわざとチェーンを外したのではなく、自転車が大好きで、乗りすぎて、ボロボロになっていたのでしょう。

子どもはどんなことも無邪気に「これしたい」「あれしたい」と純真無垢に願います。大人が無理だと思うことも、「だめ」と言っても願い続け、次々に叶えてしまいます。

そんな姿を見ると「すごいな」と感心するし、そのたびに「私たちもそのようにすればいいんだよな」と学びます。

周りに変な気を使ったり、望みに対して遠慮するのは、自分も、他の人も、誰も幸せにしません。意味のないことなのでやめましょう。

ポイントは子どものように無邪気に願い、望みに対して常に素直でいることです。自分の心に正直に、どんどん望み、どんどん願っていきましょう。

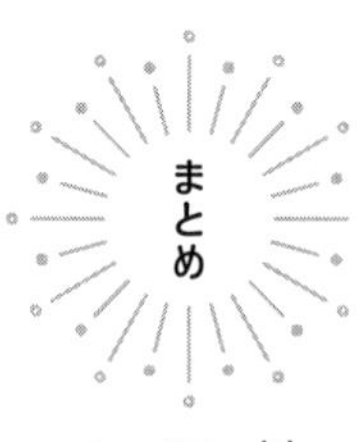

性格の良し悪しは引き寄せとは関係ない。
子どものように、無邪気に望んで願いを宇宙に投げれば、そのまま叶うようになっている。

嫌なことが起こってしまったらどうすればいい？

私たちは波動であり、感情によって周波数を決めているバロメーターなので、エネルギーのアップダウンがあるのは当たり前のことです。

日常を過ごしていれば良いこともあれば嫌なこともあり、波動が乱れます。私だってそうですし、誰の人生でも起こることです。ある意味、これが地球上の楽しみであり、こんなに波動のふり幅を体験できるのは本当に貴重なことです。

考えてみてください。いくら頭で理解しても、実践できない、応用できないなら、どんなにつまらないことでしょう。せっかく旅しているのに、ずっとバスの車窓から見ているようなものです。

私たちはバスを降りて体験できます。たとえ大勢で同じ場所に行っても、それぞれに違う体験をして、そのおかげで自分を変えていくことができます。

だから私は嫌なことも、とても良い学びのチャンスで、実験の場だと思っています。

そうはいっても、嫌なことが起きたりすると、当事者の自分としてはほとほとこたえます。私はこんなに波動を整えているのに（自信があるほど意識していいます！）、嫌なことが起きて、波動が乱れて、泣きたくなることもときどきあります。

私も、私という人生を生きていますので、みなさんとまったく同じです。1ミリも違いなんてありません。きついこともあります、本当に。

ですが、引き寄せの法則を理解したり、波動のことがわかってくるにつれて、嫌なことが起きたときに、そのままにすることはなくなりました。どう対処するかの対応方法を身に付けることができ、早く、確実に、嫌なことから抜ける方法がわかるようになりました。その方法がまさに、本書に書いている内容です。

引き寄せの法則や波動は、良いことや夢を引き寄せるだけでなく、負の連鎖を断ち切ることができる強力なツールなのです。

嫌なことがあったときや問題が起こったとき、障害が発生したときは、「この原因は何だろう？」「何の意味があるのかな？」と考えたり、出てきた答えを解決しようとするのが一般的です。ビジネスの場面などでは、それが有効に働くこともうなずけます。

でも、**引き寄せの法則の観点からみると、深く掘り下げて原因を探ることは負の連鎖が長引くことでもあります。**「この問題が始まったのはどこからだろう？」と見極めようとしても、ネガティブな引き寄せをより強調し、持続させるだけです。

「問題を解決しなければ」と思ってやっている行為が、逆に問題を強めてしまうことになりかねません。**なぜなら、問題の波動と解決策の波動とではまったく違う周波数だからです。引き寄せの法則の観点では、問題を解決したいなら、その対策の方に意識を向けなければ解決されません。**

問題に気が付いたら、なるべく早く解決策の方へ意識を向けて、解決策の波動に合わせていきましょう。これが問題解決のための一番簡単で、最善の方法です。問題をしつこく探っていると波動は変わりません。むしろ改善の波動が妨げられてしまいます。

問題が起きたら、

①最終的にどうなったらいいのか、どうなったら自分は満足するのかの答えを出す
②そうなった気持ちを感じて良い気分になる
③問題についてなるべく考えないようにして、良い気分で過ごすようにする

こうすると、いつのまにか一番良い形で問題は解決されていきます。

かかる時間はそれぞれですが、かなり高い確率で問題は解決されます。しかも想像以上の素晴らしい形で解決されてくるので面白いですよ。

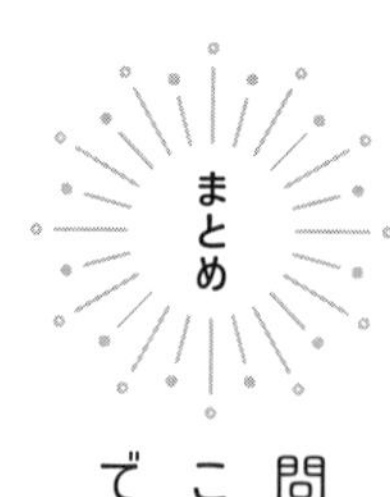

問題が起きたら、問題そのものではなく解決策に意識を向けること。最終的にどうなったらいいのか答えを出して、良い気分で過ごそう。

抵抗する気持ちが出てきてしまったら

どうしても叶えたい願望ほど強く抵抗が生まれます。執着や、「無理だ」と思う気持ちも負のエネルギーになります。

また、それについて人に何かを指摘されたり言われたりして嫌な思いをすると、そこから怒りが出て、自分も相手に対して批判や悪口が止まらなくなることがあります。

このような抵抗や執着、批判、悪口、欠点の指摘は、ものすごく嫌な感情につながります。その波動が自分を負のループに引き込み、出られなくなってしまいます。

執着、批判、悪口や他人からのネガティブな指摘は、私たちが考える以上に負のループに引っ張る力が強く、そこから出られなくなりやすいので、こうした抵抗は避けることが最善です。

抵抗する嫌な感情はとにかく引きが強いので、何度も繰り返し嫌な感情や波動を出し続けてしまいます。その嫌な感情の引き寄せの法則が働いてしまい、嫌な感情を感じ続ける出来事を引き寄せ続けてしまう引き金になりかねません。

これは願いを叶える引き寄せの波動、つまりソース（源）の波動からかけ離れた真逆の波動になります。あまりに違いすぎるため、好ましい引き寄せを妨げてしまいます。

抵抗や執着、批判や悪口などが出るのは、自分自身の目が外側に向くパターンのためであることが多いので、自分の意識を外側から内側に向けてみるのもいいと思います。

または、依存的パターンで、他者から強く影響を受けていたり、真実ではない古い習慣に自分を縛りつけようとしていたり、相手を縛りつけようとしていることが原因になっていることも結構あります。

いずれにしろ、今何かに直面していても、どんな問題があり、どんな状況でも、自分や人を責めるパターンにはまっていたとしても、すぐに転換する力を誰もが持っているので安心してください。

状況が最悪でも、どれほどネガティブなことが重なっているように見えても、私たちがやることはシンプルです。

嫌な気分から少しでも良い気分になる方へ意識を向ければいいのです。意図的に、その状況の肯定的な側面や、別の良いことに意識や関心を向ければ、ふっと心が軽くなり、新しい風が吹いてきます。それだけで抵抗がなくなっていきます。

気分が良いか、悪いか。ソース（源）と同調しているか、離れているか。それだけが真実の方向を決めます。**抵抗や嫌な感情を感じたら、すぐに気分を切り替えましょう。**

それでも抵抗の引っ張る力が強かったり、引き寄せに対してうまくいかない場合は、睡眠を利用してみてください。

〈睡眠を利用して抵抗をなくすワーク〉

①夜寝る前に気持ち良い気分になる

②最終的にどうなると満足するか？　願望や問題が全部思い通りに転換する自分を想像して、その気持ちになってから寝る

③朝目覚めたら、すぐに明るく、「全部うまくいく」という気持ちを感じる

数日このように過ごしてください。

寝る前と朝を気分良く過ごすことで、一気に習慣が変わり、願望達成を阻む執着も緩み

ます。人生のすべてが好転する方向に変化していきます。

これはもう数日といわず、一生続けてほしいくらいです。引き寄せの力が最強になっていきます。

抵抗は避けることが最善。抵抗や嫌な気持ちを感じたら、すぐに気分を切り替えよう。

嫌なこと、起きてほしくないことを考えてしまったら

ネガティブ思考が強い人は、まだ起きていないことに対して悩む習慣を持っています。

お金がない、仕事がうまくいかない、あの人がいじめてくる、この人のここが嫌い、もし

洪水が来たら、もし天変地異が起きたら、万が一最悪なことが起きたら……と。

また、今の状況からやりたいことができない理由を延々と並べまくることのプロでもあります（笑）。夫がいるから、奥さんがいるから、子どもがいるから、親の面倒を見なくちゃいけないから、今までがこうだったから、でも、でも、でも……。

どちらにも、それぞれ2通りのタイプがあって、ずっとこのような考え方を持っているタイプの人と、もともとこのような考えではないのに何かのきっかけで負のループにはまって抜け出せなくなっているタイプの人です。私は後者のタイプでした。

どちらのタイプだとしても、いったんその心配は脇に置いて、ただ普通に楽しく良い気分で生活していると、何の問題もなく過ごせますし、悪いことも起きません。

ネガティブ思考というのは、ある意味、平凡な日常に飽きて、波瀾万丈のドラマをわざわざ作ろうとしているような行為です。

インドでは、だいたいみんなのんびりとジョークなどを言いながら平和に過ごしている人が多いのですが、ときどき問題を作り出すパターンを持っている人がいて、わざわざドラマを作り出したりします。

急に「あの家の人が、あの家の人と、浮気しているのではないか」とか言い出したり。私の夫のことも「○○さんの家に1人で入っていって、数時間後に出てきた」とか、泣きながら伝えてきたりして（笑）。まったく問題がないのに勝手に問題にして、誰かを「悪人だ！」と非難して怒ったり、感情的になってひどく悩んだり……。私の夫のことだって火のないところにわざわざ火をおこして大事のように見せる。そんな感じに問題をふっかけてくるのです。

こうした様子を目撃するたびに、「なぜ、そのようなことをするのかな？」と観察していたら、どうやら「ひま」な人や、不足感が多い人ほど、そのような傾向があるようです。ドラマはドラマを生むだけです。そういう人が近くにいても、巻き込まれないのが賢明です。

もし、ご自身がそのようなパターンを持っていて、**ドラマを求めそうになったら、そのたびに、すぐ、良い気分になる方へ意識を向けることを新たな習慣にしてみてください。**

いきなり良い気分になれないとしても、なるべく「良い状況の方に意識を向けよう」と心がけてみましょう。その瞬間からエネルギーは大きく舵を切ります。問題だと思っていたことがなんでもないことだとわかったり、たとえ問題があったとしても解決されたりします。奇跡と思うような素晴らしいシンクロの解決策が次々と起きてきて、最高な状況へと導かれていくこともあります。

そのために必要なのは、波動を整え、良い気分でいるようにすること。これだけです！

極端な状況であるほど、問題が大きければ大きいほど、しっかりと良い方向、望む方向を定めてください。そうすれば強い思いで大転換していくでしょう。必ずその場から大きく飛躍し、いっそう向上できます。

まとめ

ネガティブ思考は、波瀾万丈のドラマをわざわざ創ろうとしているようなもの。人生にドラマを求めそうになったら、すぐ良い気分になる方へ意識を向けることを習慣にしよう。

引き寄せを上手に使う人は、周りの人も幸せにしている

引き寄せの法則を使うことで、自分だけでなく、確実に周りも幸せになっていきます。結局、すべてはつながっていて自分の波動が影響しているからです。

自分だけ幸せになっても家族や周りが幸せにならないと、その影響を受けて自分の波動も落ちてしまいます。ですから、引き寄せを周りの人のために使うというのも、ものすごく効果的です。

私がよく使うのは家族のためです。私はインドに住んでいるので、日本にいる家族に何か起きたら、すぐに助けに行けません。だから余計に気を配っています。

あるとき家族の一人の体調が悪くなり、尿が詰まりやすく、骨も変形していると連絡がありました。最悪の場合、寝たきりになるような深刻な状態かもしれないと聞かされました。心配する気持ちに飲み込まれないように「絶対に大丈夫」「何事もないはず」と思うようにしたら、状況が改善しました。10日後くらいのことです。尿がたくさん出るようになって、同時にセカンドオピニオンとして他の病院でも検査を受けたら「問題ない」と診断されたのです。

このようなことは何度も経験しています。

とにかく「絶対に大丈夫」「何事もなくてよかった」という状況になることを意図して、日常生活を送っていると状況が好転する出来事が起きます。「絶対に大丈夫」というエネルギーによって好ましい引き寄せをすることができるからです。

先の出来事では、別の家族からも「大丈夫かな？」と心配の声が上がっていましたが、とにかく良いイメージだけをして、それ以外は考えないようにしました。

結果、本当に何事もなく、「よしよし！」といった感じです。やはり、引き寄せの法則のおかげで願いが現実化できることを再確認できた出来事でした。

あの時も私がやったのは、

①今起きている現実にフォーカスしない（今起きている現実は過去の周波数なので）
②最終的にどうなったらいいのかを明確にして、そうなった感情を感じる
③あとは考えないで、自分の波動を整え、ご機嫌でいる
④心配の波動に引っ張られそうになったら、ぐっとこらえて「大丈夫」と思い続ける

これによって「何事もなくてよかった」を現実化することができました。この引き寄せによって、私だけでなく家族全員が安心に包まれ、笑い、ほっと安堵することができて本当に良かったです。

引き寄せの法則の原理は本当にシンプルで、必ず働いてくれます。意図をして現実に引っ張られないようにご機嫌でいれば、必ずそのようになります。

何か起こったら、その現実を引き寄せの実験の場だと思って、どんどん実践してみてください。自分や周りの幸せを体現していきましょう。

まとめ

すべてはつながっていて自分の波動が周囲に影響するので、引き寄せの法則を使っていると周りも幸せになっていく。

望みを全部叶えていく人の習慣

望みを叶えている人の共通点は明確です。望みや意図がはっきりしていて迷いがなく、波動が安定しています。つまり、望みや意図がはっきりしていて迷いがなく波動が安定していれば、誰でも望みを叶えられるということです。

ここで大事なのが「意図に迷いがない」ということです。意図に迷いがあるとは、「自分のことがわからない」とか「自分の感覚や心を生きていない」という状況です。

引き寄せの法則では私たちの意図によってすべてが動き出します。意図がスタートボタンになります。私たちが決めることで宇宙が動き出します。

その意図が右へ左へふらふらしていたら、宇宙は私たちが何をしたいのかがわからなくなります。そこで現実が変わらず、また私たちが迷ってしまったら、余計に「一体何がしたいの！」となるでしょう。

私たちだって、人からものを頼まれるときに、相手が何を欲しているかがわからないと動くことができませんよね。それと同じで、宇宙も動くことができずにいます。

あるいは、せっかく宇宙が動いても、私たちに迷いが起きると、その動きが却下されてしまうのです。

波動や感情の波があまりにも激しい場合も、宇宙が動きづらくなります。強烈なネガティブ感情がある場合など、現実化になる前にそちらに引っ張られてしまったりするからです。

ですから私たちは、リラックスして、ご機嫌に過ごすことがとても大事なんです。

望みを全部叶えている人はたくさんいます。難しくはありません。

望みを叶えている人の習慣をまとめると、

①自分の気持ちに正直
②自分ファースト
③ご機嫌で楽天的
④望みや意図がはっきりしている
⑤迷いがない

以上が共通しています。この辺りを意識して習慣化することで、誰でもどんどん望みが現実化するということです。

望みを全部叶えている人には5つの習慣がある。
意識して習慣化していくと、誰でも望みが現実化していく。

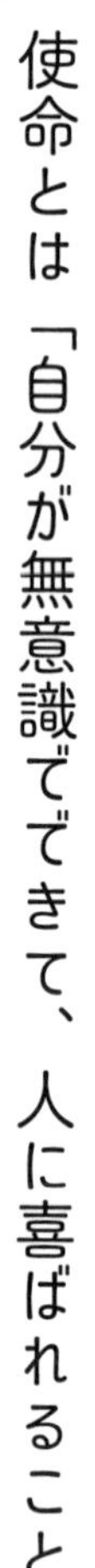

使命とは「自分が無意識でできて、人に喜ばれること」

望みややりたいことに特化していると、「使命の道」も開けてきます。
「使命の道」というのは永遠のテーマです。
使命を全うしたいと思うのが、生まれてきたものの望みだといえるほどです。

最近、使命とは「自分が無意識でできて、人に喜ばれること」だとわかってきました。
無意識でできるというのは、やっていて苦じゃなく、楽しいこと、です。

やりたいことをやっていくと苦ではないので、いつのまにか数をこなせるようになり、その分野を極めることができます。
私の尊敬する人の多くは「自分のやりたいことや、やっていて楽しいことをしていたら、いつの間にかものすごい数になっていて、専門になっていた」と言いますが、まさにそれです。

例えば「みちびき画」の中村凰伯先生をご存知ですか？　一人一人リーディングをしながら過去世の絵を描いてくださいます。その絵が縄文人だったり、宇宙的な人物像だったり、バラエティーに富んでいます。

その「みちびき画」を描かれた人数が５０００人を超えて、素晴らしいな～と思い、お祝いのコメントを差し上げました。そしたら先生は「次は1万人目指します！」とおっしゃっていて、びっくりしました。

まだ道を究めていかれるんだな～と思い、「すごいですね」と伝えたら、「やっていて楽しいんです」とおっしゃっていて、本当にそれに尽きるんだろうなと思いました。

自分のやりたいことをずっとやっていると、それに特化できるようになり、いつのまにか極められます。すると、同じように極めた人に出会えたり、お客さんがお客さんを連れてきてくれたり、不思議なご縁で人を紹介していただいたり、何かをもらうようになったり……と、良いことがたくさん起きてきます。

また、好きなことを集中してやっていると、夢中になれます。そのぶん迷う時間がなくなるので、望みが明確になり、はっきり望めるようになります。こうして、叶うスピードもあっという間になっていきます。

好きなことや、やっていて自分が楽なことで、人に喜んでもらえること。それをやり続けていくと、本当に多くのギフトを受け取れるようになります。

無理に何かを極めようと思うよりも、やっていて自分が楽で、人に喜んでもらえるものをいろいろ試しながら続けてみると、自然に特化されてくるものです。

そうやって使命の道を歩んでくださいね。

まとめ

自分が無意識でできて、人に喜ばれることとは「使命」。やり続けていくと、多くのギフトを受け取れるようになる。

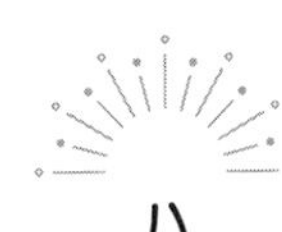

ハイヤーセルフとつながろう

私たちは自分だけで生きているように見えますが、じつはハイヤーセルフと常につながっています。

ハイヤーセルフは自分自身の高次元のエネルギーで、意識です。引き寄せを行う上で大事なソースエネルギーと同じ領域のエネルギーです。神の波動、最高の波動です。

もしも今まで引き寄せがうまくいかなかったのなら、高いエネルギーの自分自身であるハイヤーセルフとつながりましょう。最高の波動と同調していきます。

ハイヤーセルフとつながると、

- 最高の波動になる
- 波動が高いので引き寄せが楽になる
- 迷わなくなる

・直感力が高まる
・悩みがなくなっていく
・自分の軸が強くなる
・もともと持っている能力が開花する
・いつも至福の中にいられるようになる

このようにハイヤーセルフにつながると良いことばかりです。

今まで低い視点で物事を見てきたところから、波動が軽くなり、高い視点で上から全体を見ることができるようになります。

高い視点、ソースの視点で物事を俯瞰して見られるようになると、日常の問題などが小さく思えてきます。おかげで、問題にあまり入り込まなくなります。

ハイヤーセルフとつながり、高い波動になることで、視野が広がる。それによって望むような出来事、収入、人間関係、パートナーシップ、仕事など、さらに引き寄せが加速され、日々が素晴らしいものになっていきます。

それが自然な流れであり、これが本来の私たち自身と感じられるでしょう。

〈ハイヤーセルフにつながるワーク〉

ハイヤーセルフにつながるためには、特別な能力は必要ありません。なぜなら、ハイヤーセルフは神の領域の自分自身なのですから。

このようにしてみてください。

ステップ1　**手の平を心臓の辺りに当てる**

その手の温かさ、または心臓の温かさを体全体に広げる

ステップ2　**オーラ全体までその温かさを広げ、しばらく浸る**

ステップ3　**その時の気持ちを味わう**

どんな気分で、どんな気持ちですか？

その気持ちがハイヤーセルフの波動です。

まとめ

ハイヤーセルフとつながり、高い波動でいると、引き寄せは加速していく。

高い波動と意図がカギ

私流の引き寄せの最大のポイントは、ハイヤーセルフや高次元のエネルギーにあります。

つまり、高い波動と、意図することです。

私もまったく望みが叶わなかった時期が10年以上ありました。そこから今は引き寄せの法則をほぼ自由に操れる状態になりました。

この本が終わりに近づいた今、改めて引き寄せの要点をシンプルにまとめておきます。

ハイヤーセルフに始まって、エイブラハムやバシャール、創造主、神の領域などはすべて高次元になります。こうした高い次元の宇宙の波動は、軽いのが特徴です。細かくて、すぐに振動するので、たちまち浸透して伝わります。

反対に、低い次元の波動は重く、振動は粗くて、伝わるのに時間がかかります。

願いが叶わない理由は、低い次元と振動のまま意図をしているからです。そのような自分から出す振動は粗く、伝わるのに時間がかかるので、宇宙に届きません。

自分が高い次元の波動になり、振動を細かくすることで、高次元の宇宙に届きやすくなります。そうすると現実化しやすくなります。

高次振動を出すのは難しそうに感じるかもしれませんが、至ってシンプルです。それは私たちのどのような状態かというと「良い気分でいる状態」です。

良い気分とは、安心、リラックス、ほっとする。そして、好きなことに夢中になってるとき、無になってるときは、高い波動、軽い波動になります。

こうした高い波動や宇宙の波動を取り入れることで引き寄せが加速し、宇宙的に自分の人生がよりダイナミックになっていきます。

宇宙からの波動を感じるコツ

改めて、宇宙からの波動はどんな感じで、どんなところで感じるのでしょうか？

宇宙の波動とは、さわやかな波動、気持ちの良い波動、心地よい波動、すっきりしてパキッとしている波動、軽くて楽しくなる波動、良い〝気〟の感じがする波動などです。

また、宇宙の波動でもあまりにも次元が違うと、眠くなったり、モアーンとした感覚があったり、頭痛を感じることもあると思います。

反対に、低い波動とは、重たく、じめじめした暗い感じの波動です。

先日、標高３０００メートル以上の山に登ったのですが、途中までものすごくモアーンとしていて、頭がボーッとしていました。高山病なども明らかに違う感覚でした。

ところが、途中からものすごくすっきりしてきて、さわやかな空気になってきました。太陽の光も今まで感じたことないほど透明な感じがしました。その美しい光の色がまぶしくて、「ああ、ここが高次元の世界で、宇宙波動に満ちたところだな」と感じました。

別に高い山に登る必要はありません。宇宙波動を感じるのに一番手っ取り早いのは、ハイヤーセルフにつながって、その波動を感じ続けるということです。253ページの「ハイヤーセルフにつながるワーク」を繰り返し試してくださいね。

それによって、ものすごく恩恵を受けることができます。ハイヤーセルフの、宇宙の高い波動の感覚が体感覚でわかるようになり、その宇宙エネルギーの自分自身と共鳴したことが現実の世界で起きてきます。

確実に引き寄せをしたいなら、ハイヤーセルフにつながることです。

しかも、あなたはすでにハイヤーセルフと無意識でつながっています。日常の、どんなときもつながっています。その波動によって、今も宇宙エネルギーと無意識でつながっているのです。

自分がハイヤーセルフとつながって高い次元の波動になり、振動を細かくすると、高次元の宇宙に届きやすくなって現実化もすぐ起きる。

シンクロニシティが多いのは高次元

宇宙は高次元の世界で、すべてシンクロニシティによって成り立っています。そのシンクロニシティの連続が速いのが宇宙であり、高次元の世界です。

地球に住んでいる私たちは、気づきやシンクロニシティがあると「やったー！　シンクロー」「おためしがきたー」などと喜んだりしますが、高次元の世界とはこのシンクロニシティが連続して起きまくる世界です。シンクロニシティそのものの世界ともいえます。

近頃は地球全体の次元上昇により、日々、身近なところでシンクロニシティを多数体験している人も増えていると思います。

私自身もいつも波動を整えているように心がけているので、シンクロニシティが頻繁に起きます。笑ってしまいますが、一番よくシンクロニシティがあるのは食べ物です。「モモ（餃子のようなもの）食べたいな〜」と娘が言っていると、知り合いの人から「モモを買っていこうか？」と電話がきたりして、びっくりします。

「あの人に電話しようかな」と考えていると、その人から電話が来ることも多いです。

シンクロニシティは引き寄せそのものです。日々、小さなシンクロニシティは必ず起きています。それにどんどん気が付いていくと、さらに増えていきます。

常に波動を整えている人や人間的に素晴らしい人は例外なくハイヤーセルフとしっかり

つながっているので、そういう人とかかわるとダイナミックなシンクロニシティがバシバシ起きてきて、本当に面白いですよ。

先日、インドでリトリートを開催しました。そこでも不思議なことが連発して、まさにシンクロニシティの嵐でした。「これぞ宇宙なんだな」と改めて感じました。

例えば、一瞬、物がなくなったりしても「ある」と意図したら出てきたりとか。話をしてみると共通点が多すぎて、「引き合わされて出会ってる！」としか思えなかったり。そのようなことが参加者それぞれに起こっていたようです。

シンクロニシティが増えてきたら、あなた自身が高次元波動になっている証拠です。引き寄せもかなり思い通りにできるようになっています。

まとめ

シンクロニシティは引き寄せそのもの。

シンクロニシティが増えてきたら、高次元波動になっている証拠で、引き寄せも思い通りにできるようになっている。

おわりに

私には大きな夢がたくさんあります。その夢を実現したくて、２０１８年頃から何となく感覚で願望実現の方に生活のスタイルを切り替え、とにかく突っ走ってきました。

振り返ってみると、本当にありがたいことに次々に願望を実現することができ、理想の生活、理想のパートナー、理想の仕事をすることができています。

〝理想の〟と書きましたが、宇宙が現実にしてくれる叶った体験のすべては、理想をはるかに超えています。想像以上、理想以上です。

「この経験をまとめたいな～」「さらに引き寄せの法則を深めたいな～」と思っていたら、その経験を本という形でみなさんにシェアする機会をいただけて、これまた本当にありがたくて、今もその幸せを嚙みしめています。

私も一人の人間ですから、最近、波動が乱れがちでした。現実がバタバタしている中で、本の執筆に着手させていただき、私自身、改めてハッとしたり、癒されたり、「ああ、そうだ、そうだ」と自分ごととして響く内容がたくさんありました。何より、波動を整えること、願望を投げることをさらに強化していこう、という自分の思いに気づくことができました。良い機会をいただけて、本当に、本当に、ありがたいです。

「この世界は自分で創っている」ということに気づき始めると、すべての責任は自分自身にかかってきます。誰のせいにもできないし、頼ることもできません。

でも、この境地こそすべてを創造できる「創造主の意識」そのものなのですね。神の領域で、本当の意味ですべての現実を思うように創造できる境地なんだと思います。

一なる意識からすべてが生まれ、分離したように見えている世界を私たちは体験しています。この世界のからくりがわかると、1つしかないから空しく感じることもあります。

ですが、私たちは今、生きていて、日々という現実を歩んでいます。引き寄せを糸口に創造の原理を自ら体現して、自分というものを知るきっかけになったり、深めていくことができます。創造は希望だなと思います。

生まれたものはいつか死にます。私も、あなたも、今かかわっているすべては、いつか死を迎えます。この生の中で、どうかあなたの創造したいものを思う存分、創造して、体験して、味わってください。「自分が創ったこの世界だった」という境地にたどり着き、生命や魂の本質に触れて、この世界を最高に全うして生きてほしいと思います。それが宇宙の願いです。

この本の内容がどうか永遠に続きますように。必要な生命たちに届きますように。

私が生きているうちに宇宙の原理の使い方をなるべくたくさん残して、この世を去りたいと思っています。

この文章を書きながら自分で泣いちゃっていますが、私が生まれてきた意味はこれです。宇宙の原理の使い方を多くの人に伝えたい。わかり合いたい。与え合いたい。

あなたは私で、私はあなただから。

スピリチュアルａｋｉｋｏ

宇宙の引き寄せミラクル体験談

〈お金編〉

夫の年収やボーナス額を意図し、今では希望額を超えて10年間右肩上がりです。一番引き寄せだったと感じたのは、お友達とランチの時に、『Aちゃんの旦那さんの夏のボーナスが300万以上なんだって』と聞いて、心底それいいなぁ～と感じたのを覚えています。まさにそのような現実になっています。年収の金額の意図を上げたら10月にも昇進しました。

K・Kさん

10年ほど使っていた電動歯ブラシをそろそろ買い替えたいなとほんわか思っていました。引き寄せの法則を知り波動を整えるようになって3か月後ぐらいに家電量販店へ行きました。最新機種は高いので2万円以内の手頃な物をと思っていたのですが、ちょうどキャンペーンをやっていて、最新機種購入後3か月以内に歯科医院で治療した領収書の写真を送ると全額返金するというものでした。まずは先に支払いをしましたし手続きもありましたが、2か月後には本当に返金され、6万円もする電動歯ブラシを実質無料で手に入れることができました。

栗林さなえさん

昨年の春に、私の大好きな女優さんが主演の舞台があり、チケットサイトでその舞台のチケットの先行予約があったので申し込んだのですが、残念ながら落選しました。

でも、どうしても行きたくて諦めきれなかったので、ネットでその舞台のチケットが買える方法はないかと思って検索していたところ、定価の値段より高くはなるけど、合法でチケットの売買ができるサイトがあって、ダメ元で申し込んでみたら、座席が最前列のチケットが買えたんです！

今まで、何年間もいろんな舞台やライブを観てきましたが、最前列の席は初めてで、一緒に行った母も大喜びでした。目の前で俳優さんたちがお芝居する姿から、熱量が伝わってきてめちゃくちゃ感動しました！

O・Hさん

車を買い替えるため、納車を待っていた時のこと。今まで経験したことのない雹被害で乗っていた車がボコボコになり下取りに出せなくなり、私も凹んでました。でも保険で予想以上のお金が下りたのです！　あれ？　受けたいと思っていた高額な講座がこれで受けられる？　このお金で受ければいいよ！と言われてるように思えました。宇宙は思いもよらない方法で、しかも絶妙なタイミングで、私達を応援してくれるサポーターなんだと強く実感した出来事でした。akikoさんがいつも教えてくれてたことはこういうことだったんだ、ととても腑に落ちました。

藤田美和子さん

生活が苦しかったので、月に50万円ぐらいの生活がしたいなと思いどうしたらいいかなと考えていました。あるとき、「そうだ私は銀行に22億あって毎月50万円の収入がある」と思って生活しようと思いつき実行してみました。そうしたら半年後に毎月50万円以上の収入を得ることができるようになりました。またほかの引き寄せでは、最近生活の中に面白いことがないなーと思ったので、「あー大笑いしたい」と思ったら、その数十分後に、友人がとてつもなく面白い話をしてくれて大爆笑しました。

Y・Rさん

〈恋愛・結婚編〉

元々結婚願望ゼロ、知らない人がいる場に行くことが苦手な私も結婚を一度はしてみようと思いました。算命学占いで自分の婚期を知り、その時に合わせて婚活しました。理想の条件をすべて書き出して2010年に結婚と意図、そのときは、どこに行ってもモテるという奇跡、結果そのときの条件を満たした夫と2010年に結婚しました。

菊池ロミさん

当時付き合っていたK君が当時の部屋に来ることを嫌がっていたこともあり、土地勘のない地域に引っ越そうと貸アパートを探し始めました。不動産会社をまわってもなかなかうまくいかず、ある日akikoさんから願望を宇宙に出したらといわれたのがきっかけで、軽い気持ちで夜、アパートの部屋の窓から外に向かって、自分の希望する部屋を宇宙に意図として投げてみました。お風呂場には窓、トイレはウォシュレット、道路付けがよく……など住みたいアパートの環境や設備など希望するものをすべて投げて、そのときの感情や気持ちを想像し、その後は忘れて生活をしていました。

数か月後、町の中を自転車でまわっていたら1件の不動産会社の物件の看板が目に入りました。看板が光っていました。その物件が気になって気になってしょうがないから、近いし歩いてその物件を見に行ってみたところ、日当たりも良い、道路付けも良い、建物も女性が1人でも一階に住める構造でとても良い。一目見て気に入ってしまいました。そのアパートも輝いて見えました。そして無事に契約をして住むようになりました。

しばらくしてアパートを見にきたK君が「おしゃれじゃん！」と気に入ってくれ、この辺は会社の人がいないんだよな、飲食店も近いし、部屋も一番奥だしと、K君にとっても都合がいいらしかったのです。今考えると輝いて見えるアパートに住むことに決めてから急にKくんは結婚のスイッチが入ったような感じで、結婚も決まりました。ありがとう、宇宙。

O・Kさん

〈仕事編〉

幼い頃、姉との2人旅で優しくしてもらったことがきっかけで、キャビンアテンダントに憧れました。高校の授業中、CAになった後の楽しみを妄想ばかりしていました。英語が苦手で国内線のみの航空会社を狙いましたが、緊張のあまり面接で失敗してしまいました。その翌日開き直って、別の大手航空会社を受けて合格。当時は引き寄せは知らなかったのですが、今思うと自然にやっていたんだなぁと思いました。

M・Uさん

「仕入れ準備したものが采配どおりスムーズに完売できますよう……」と、常に天使達にサポートを依頼し、未来設定（意図）しています。3台ある業務用冷凍庫が毎年フル稼働するのに、未来設定（意図）するようになった今年は商品を売り切ることが多く、冷凍庫はいつものシーズンの半分しか稼働しませんでした。今シーズンは天候にも恵まれ、例年以上の売り上げでした。未来設定（意図）のおかげでアルバイトさんのお給料もアップできました。アルバイトさんたちのおかげでうちの商売が成り立ちます。「みんな笑顔で商売繁盛できるように」これからも良い関係と商売繁盛を引き寄せ続けたいです。

さくらさん

仕事内容に飽きてきて、仕事自体もあまりうまくいってないころ、新しい仕事の紹介を、思いもよらない方からいただきました。昔、私が似た仕事をしていたことを、ふと思い出し紹介してくださいました。内容も、さらにやりたい方向の知識を得られ、とても嬉しいお声がけでした。まさに引き寄せたと感じています。

H・Kさん

未経験でもうまくいくように、開業するため多額のお金が必要になるので臨時収入が入るようにと、意図＆ブロック解除。開業するのに入会必須の協会へ半年以上前に資料請求をしていましたが、その協会から電話がかかってきて「開業セミナーへ参加すると入会金を30万キャシュバックする」というお話が！　ちょうど予定も合い開業セミナーへ参加。セミナー終了後、協会の役員さんが私のところへやってきて（自分からお願いしには行っていない）、ご自身が未経験で苦労したので、仕事に同行して学ばせてもらえる流れになりました。

W・Fさん

〈人間関係編〉

今年の初め頃、部屋の整理をしていたら10年近く年賀状のやり取りが途絶えてしまった高校時代の友人Aちゃんの写真付き年賀状が出てきました。どうしているかな。また連絡を取りたいなあ。でもメールもLINEもわからないし……と、たまにその年賀状を手にとって眺めていました。6月に息子の通う高校の三者面談のため学校に行きました。進級して担任の先生が新しく着任してから初対面です。そして奇跡が起こります。その先生がなんと、30年前私が通っていた女子高の先生だったのです！　お互いにびっくり仰天です。しかも私が連絡を取りたいと思っていたAちゃんとLINEでつながっていたのです！　そして先生からAちゃんのLINEを教えてもらい、連絡を取ることができたのでした。今年一番のびっくりした出来事、引き寄せ体験でした。

A・Hさん

2020年4月、最愛の愛犬がお空に還りました。その日は我が家念願のリフォーム契約日でしたが延期してもらいました。その後コロナで次々とイベントが中止になり我が家も仕事が激減しました。あの日、リフォームの契約を延期したことで多額の現金を使うことがなくなり、コロナ禍の3年間生活費に困らず過ごすことができました。

この一連の出来事は、私が自分大好き人間で「私は運が良い、守られている」という根っからの自己愛が、一見悪く見える出来事でさえ運の良い出来事に変えた幸運の引き寄せになりました。

そして、私自身が愛犬に語りかけていた「ずーっと一緒だよ」という言葉に引き寄せられるようにアニマルコミュニケーション講座を受講し、すぐにお空の愛犬とお話しできるようになりました。「ずーっと一緒」となにげなく口にしていた自分自身の言葉の本当の意味も知ることができました。

その後タイミングよく次々とヒーリングや波動調整術をマスターしました。でも、あと一歩何かが足りないと感じているとタイミングよくａｋｉｋｏさんのアルケミスト講座を発見し、即申込みをしました。そして、習得した能力を役立てたいと思っていたら友人の紹介で飼い主さんとペットちゃんの架け橋になれる仕事の依頼がありました。

今後はもっと活動の場を広げて行きたいけどSNS苦手なんだよなーと自分の活動をアピールできないままでいました。そんなときタイミング良くａｋｉｋｏさんのSNSビジネス講座の募集を知り即申込みをしました。

今、振り返ると学びの順番は「私が理解しやすい順」になっていると気づきます。そして、その間仕事が激減していた我が家には、車の保険金や売却益、コロナ感染の保険金など一家で200万円近くの臨時収入がありました。すべて引き寄せが発動しているとしか思えないほど順序よく舞台が用意されていると感じます。これからも発動し続ける引き寄せの波にうまく乗れるように「自分大好き人間で気分良く」過ごしていきたいです。

しんざわえみさん

コロナ禍で遊びに行かず、毎日イライラしてい

た母のブロック解除した次の日、母の友人から遊びの誘いの電話がかかってきて、機嫌が良くなりました。

S・Mさん

波動を整えているおかげで「引き寄せない」で済んでいるエピソードをシェアさせてください。

我が子と家族はマンション内の人間関係のいざこざに、不思議と巻き込まれません。

最近小学4年の息子の集団登校班で、過保護と被害者妄想の強い、ある親子が原因で班が解散の危機に瀕しています。班内の子どもが次々ターゲットになり、睨みつけられる恐怖体験をしたり、その親から嫌な言葉を投げかけられた住民もいます。

しかし、我が子はそれとは無縁で楽しく登校しており、私も他の家族もその親子にほぼ接点はなく、これから先も関わる必要はないと何故か安心しきっています。

これはきっと周波数が違うのでそれぞれ違う次元にいるからだと思います。このように人間関係の紛争にも有効な「引き寄せ」の力に感謝しています！

N・Aさん

夫と不妊治療に対する価値観や意見が合わなくて、いつも喧嘩していました。

もうこの状態が苦しすぎて、潜在意識のブロック外しと書き換えをたくさんして、願いの意図を出し、リラックスして整えて、病院へ行ったら、病院を転院する流れになり、すぐに私が望む理想の病院を夫が探してくれました。

実際に新しい病院へ行ったら、私が希望する治療方針で心からほっとしました。夫も新しい治療方針に納得していてほっとしている様子でした。夫とも急にわだかまりがなくなり、これからの治療も楽しみです。

U・Rさん

スピリチュアル akiko

スピリチュアルヒーラー、チャネラー、宇宙の法則エネルギーワーカー。長野生まれ東京育ち。現在はインドで夫と3人の子どもたちと犬と暮らす。2015年からスピリチュアル活動を始めて、トータル2000人ほどのセッションや講座をこなす。霊視、チャネリング、潜在意識の書き換え、宇宙語が得意。もともと自身にはまったく霊感がなかったが、徐々に能力が開花。その経験から、誰にでも潜在的にスピリチュアルな能力があることに気づき、その事実を伝える活動をしている。YouTubeやSNSの登録者数は累計17万人超（2024年1月現在）。

宇宙の引き寄せの法則
68秒で願いが叶う！

2024年2月1日　初版発行

著者／スピリチュアル akiko
発行者／山下直久
発行／株式会社 KADOKAWA
〒102-8177　東京都千代田区富士見 2-13-3
電話 0570-002-301（ナビダイヤル）
印刷所　TOPPAN株式会社
製本所　TOPPAN株式会社

●お問い合わせ
https://www.kadokawa.co.jp/（「お問い合わせ」へお進みください）
※内容によっては、お答えできない場合があります。
※サポートは日本国内のみとさせていただきます。
※ Japanese text only
定価はカバーに表示してあります。

ISBN 978-4-04-606656-5 C0095